Ingrid Auer
Gaby Marek

**Heilen mit
Engel-Therapie-Symbolen**

Ingrid Auer
Gaby Marek

Heilen mit Engel-Therapie-Symbolen

Die Heilkraft der Engel
in Therapie und Alltag

///////////////////////////// SILBERSCHNUR /////////////////////////////

Die Deutsche Bibliothek – CIP-Einheitsaufnahme

Ein Titeldatensatz für diese Publikation ist bei
Der Deutschen Bibliothek erhältlich

Die im vorliegenden Buch dargestellten Empfehlungen und Methoden sind nach bestem Wissen und Gewissen erklärt, die diversen Informationen sollen aber ärztlichen Rat und ärztliche Hilfe nicht ersetzen. Autorinnen und Verlag übernehmen keinerlei Haftung für Schäden, die sich eventuell aus dem Gebrauch oder Missbrauch der in diesem Werk erläuterten Empfehlungen und Methoden ergeben können. Wenn in diesem Buch von Therapie, Therapeuten und Engel-Therapie die Rede ist, sind damit alle Formen der Heilungsarbeit im feinstofflichen Sinn gemeint.
Der Einfachheit halber ist in diesem Buch von „dem Klienten" oder von „dem Therapeuten" die Rede. Selbstverständlich sind damit auch Klientinnen, Therapeutinnen, Helferinnen etc. angesprochen.

1. Auflage 2002
2. Auflage 2005
3. Auflage 2006

ISBN: 3-89845-001-5

© 2002 by Verlag »Die Silberschnur« GmbH • Steinstraße 1 • D-56593 Güllesheim
www.silberschnur.de • e-mail: info@silberschnur.de

Das gesamte Werk ist im Rahmen des Urheberrechtsgesetzes geschützt. Jegliche vom Verlag nicht genehmigte Verwertung ist unzulässig. Dies gilt auch für die Verbreitung durch Film, Funk, Fernsehen, photomechanische Wiedergabe, Tonträger jeder Art, elektronische Medien sowie für auszugsweisen Nachdruck und Übersetzung.
Umschlaggestaltung, Buchdesign und Satz: Erich Hörmann, www.bzw.co.at
Druck und Bindung: FINIDR

„Das Wesentliche ist für die Augen unsichtbar"

Antoine de Saint-Exupéry

Inhalt

- 8 Danke
- 10 Bitte
- 12 Engelsymbole und Lichtkörperprozess
- 14 Wie Sie mit diesem Buch arbeiten können

Teil I
- 15 **Man sieht nur mit dem Herzen gut**
  Fühlen Sie sich manchmal erschöpft?
- 16 Symbole – Geschenke aus der Engelwelt
  Was sind Engelsymbole?
- 19 Einsatz und Wirkung
  Engelkräfte stehen für uns bereit

Teil II
- 22 **Feinstoffliches Heilen**
- 22 Was überhaupt ist NICHT feinstofflich?
  Die Aura – unsere göttliche Datenbank
- 24 Die sieben feinstofflichen Körper
  und was sie bedeuten
- 32 Ziel feinstofflicher Energiearbeit
- 34 Ausflug in die Welt der Chakren
- 36 Die sieben Hauptchakren
  Die wichtigsten Nebenchakren
- 44 Wie Engelsymbole feinstoffliche
  Körper und Chakren heilen
- 45 Je feinstofflicher, desto gründlicher
- 47 Erleichterung für Helfer
  Abhilfe gegen Ausgepowert-Sein
- 47 Noch ein paar Worte zum Thema Schutz
- 48 Meditation

Teil III
- 50 **Und jetzt in die Praxis**
  Welche Testmethoden stehen Ihnen
  zur Verfügung?
- 53 Das Erstgespräch
- 60 Therapieresistenz: Ursachen und Abhilfe
- 64 So arbeiten Sie mit den Symbolen
- 66 Und so arbeiten Sie mit den Test-Ampullen
- 71 Engel lieben Farben
  Was Sie aus den Farben herauslesen können
- 75 Was die Zeichen auf den Symbolen bedeuten

Teil IV
- 76 **Engel-Therapie-Symbole 1–59**

Teil V
- 137 **Fallbeispiele und Besonderheiten**
  Warum Allergien für mich (k)ein
  Thema mehr sind

138 Allergien und deren Neutralisierung
142 Und hier ein optimaler Ablauf einer Allergie-Sitzung
146 Fragen und Antworten aus der Praxis

Teil VI
Erfahrungsberichte

Von Helfern ...

153 „Engel haben mich mein ganzes Leben lang begleitet"
156 „Wie Phönix aus der Asche"
158 „Das Wesentliche ist für die Augen unsichtbar"
161 „Auf der Suche nach der inneren Stimme"
164 „Ein Engel für Veränderung und Verwandlung"
166 „Wie kosmische Staubsauger"
167 „Egal, ob wir an Engel glauben oder nicht – Engel glauben an uns!"

... und Menschen, denen geholfen wurde

169 „Engel für die ganze Familie"
172 „Ist da jemand? oder: Wie man Geister wieder los wird"
174 „Das muss schon von einem selbst kommen"
177 „Wenn´s dir wirklich schlecht geht, kommt sogar ein Erzengel"
180 „Die Beschwerden verschwanden fast schlagartig"

Anhang
182 Einfach zum Nachdenken
184 Was ist was?
186 Kombi-Essenzen Kombi-Öle und Aura-Essenzen
188 Verwendete Literatur
189 Übertragungskarte

Beilagen
Checkliste I – Erstgespräch
Checkliste II – Arbeiten mit Engel-Therapie-Symbolen
Checkliste III – Nach der Behandlung
Checkliste IV – Allergie-Tabelle
Checkliste V – Allergie-Sitzung
18 Therapie-Symbol-Sets

Danke

„Allen Engeln, unter deren geistiger Führung sowohl die
Engel-Therapie-Symbole als auch dieses Buch entstanden. Danke dafür, dass Ihr Eure
heilenden Energien in diese Symbole, Essenzen und Öle fließen lasst
und sie damit der Menschheit zur Verfügung stellt!"

An Margit Sklenar, die mit Hilfe ihrer Aurasichtigkeit die Wirkung der Symbole im feinstofflichen Körper beobachtete und mich in meiner Arbeit mit den Engelsymbolen, Engelessenzen und Engelölen von Anbeginn begleitete, bestärkte und bestätigte. Unter der Führung unseres gemeinsamen Arbeits-Engels EKONJA haben wir noch einige Projekte vor uns.

An Anna Maria Wagner, die sich für stundenlanges Austesten zur Verfügung stellte und nie müde wurde, egal zu welcher Tages- und Nachtzeit ich ihre Hilfe in Anspruch nahm. Sie trug damit maßgeblich zum Inhalt dieses Buches bei.

An Elfi König, für ihre (fast) täglichen Rückmeldungen aus der Praxis. Sie besitzt alle 59 Engel-Therapie-Sets und hat sie auch als erste erprobt! Ihre Erfahrungen bereicherten meine Aufzeichnungen über die Wirkung der Engelsymbole und rundeten somit das Bild von ihnen ab.

An Ingrid Maria Neubauer, die mich durch ihre Arbeit mit meinen Symbolen und die Aufzeichnung ihrer sensationellen Ergebnisse motivierte, den eingeschlagenen Weg weiterzugehen. Durch ihre medialen Fähigkeiten weiß sie immer ganz genau, welche Essenzen und welche Symbole sie für ihre Klienten benötigt und erzielt damit besonders gute Erfolge.

An Gaby Marek, die auf sensible Weise Menschen interviewte und meinen Manuskript-Entwurf zu einem Diamanten schliff. Ohne ihr Engagement und ihre begeisternde, liebevolle Unterstützung würde das Buch in dieser Form nicht vorliegen: Sie zerlegte mein Manuskript in einzelne Teile, streute eine kräftige Prise Humor darüber und baute es wieder zusammen. Damit bewahrte sie dieses Buch davor, ein knochentrockenes Handbuch zu werden.

An alle Therapeuten, die mich an ihren wertvollen Erfahrungen teilhaben ließen. An alle Menschen, die sich für ein tiefgehendes, spirituelles Interview öffneten und uns somit einen Einblick in die vielen Wege der Seele gaben.

An Gabriele Wollanka und Sigrid Glaser, die gleichsam für Engellohn das Handling meiner „Engelprodukte" bewältigen. Durch ihre Hände gehen alle Symbole, Essenzen und Öle, mit denen Sie, liebe Leserin und lieber Leser, arbeiten können. Beide haben mich durch ihre Hilfe „freigespielt", sodass ich mich auf meine Therapie-Sitzungen, meine Manuskripte, Seminare und Engelprojekte konzentrieren kann.

An Romana Klaus und nochmals Gabriele Wollanka, die die Engelsymbole, Persönlichen Symbole und Engel-Therapie-Symbole in liebevoller Handarbeit fertigen.

An all die Menschen, die mir in finanziell schwierigen Zeiten ohne Zögern unter die Arme gegriffen haben, um mein Projekt „Engelsymbole und Engelessenzen" überhaupt auf die Beine zu stellen. Ganz besonders Andrea R., die das Einscannen und Freistellen aller hier im Buch beigefügten Symbole gesponsert hat.

An den Verlag „Die Silberschnur", der bereit war, ein Buch herauszugeben, das die feinstoffliche Heilung und die Heilkräfte der Engel zum Inhalt hat. An meine Kinder Carmen und Clemens für ihr Verständnis und das Einverstandensein mit meiner Arbeit. Sie beide sind bereits Kinder des neuen Zeitalters. Danke, Clemens, für das Korrekturlesen dieses Buches und für dein Interview.

Und ganz besonders an meine Eltern, die mir tatkräftig viele Stunden zur Seite stehen: sei es bei der Bewältigung von Organisationsarbeit, Buchhaltung oder der Abfüllung und Etikettierung der Essenzen und Öle von Hand. Die Engel-Arbeit verbindet uns sehr, und ich habe das Gefühl, dass ich meine Eltern ein zweites Mal in diesem Leben geschenkt bekommen habe.

Danke nicht zuletzt an all die zahlreichen Leser im In- und Ausland, die mich durch ihre Briefe, Karten, Faxe oder E-Mails darin bestärken, den eingeschlagenen Weg weiterzugehen.

Danke Euch allen!

Ingrid Auer

Bitte ...

... liebe Engel, sagt mir doch an dieser Stelle, was ich noch hinzufügen soll.
Denn das Manuskript liegt vor mir, vollendet. Vollendet,
dank der vielen Menschen, deren Energie und Liebe
sich vereint hat. Manche hatten den Mut,
in erster Reihe zu stehen. Andere wirkten still
im Hintergrund. Allen sei gedankt.

Bitte, liebe Engel, lasst mich doch jetzt nicht im Stich, nachdem Ihr mich Schritt für Schritt begleitet habt. Wer hat das eigentlich vorgehabt, dass wir uns begegnen? Dass wir uns so begegnen? Dass ich sogar für Euch schreibe? Ich sicher nicht. Oder doch?

Ich kann mich noch erinnern, damals als Kind – ich war ein wenig krank, um zusätzliche Liebe zu erhamstern –, da saß jemand bei mir am Bett. Es war Nacht, doch „ER" war hell. Nicht strahlend, sonst hätte ich mich mehr erschreckt, aber doch hell genug, um nicht unbedingt ein Mensch zu sein. Ich blinzelte mit den Augen – er verschwand nicht. Oder war es eine Sie? Ich wagte nicht, das zu erkunden. Ich wagte nicht, die Gestalt anzusprechen. Es war aber auch gar nicht nötig – das habe ich schon gespürt. Oh, hätt' ich mich doch getraut, ihn anzuzupfen, er saß so schön nahe. Nein, ich habe mich nicht getraut ...

Flügel hat er keine gehabt – dann hätt' ich's ja gewusst! Am Morgen bin ich zu meiner Mutter: „Danke, dass du an meinem Bett warst!" Doch sie schüttelte den Kopf: „Das war ich nicht!" Und es durchfuhr mich noch einmal – es war kein Mensch gewesen, diese Gestalt am Bett. Tief im Inneren wusste ich genau, wer es gewesen war!

In der nächsten Nacht – Ihr glaubt es kaum – saß er an meinem Schreibtisch. *Er schaut meine Hausaufgaben durch,* war mein erster Gedanke, und so war es ein doppelter Schreck. Und noch einmal kam er. In der dritten Nacht stand er mitten im Zimmer. Da war ich schon ganz cool. Naja, sagen wir, ich habe mich nicht mehr gefürchtet. Nein, natürlich hab' ich ihn *nicht* angesprochen. Aber lange hingeblickt, lange. Danach habe ich ihn nie wieder gesehen. Aber von diesem Zeitpunkt an hatte ich nicht mehr diese schrecklichen Alpträume und traute mich ohne Angst aufs Klo. Da ich es aber nicht einordnen konnte und da ich niemanden hatte, mit dem ich dieses Erlebnis hätte besprechen können, habe ich es dreißig Jahre lang vergessen.

Dreißig Jahre lang habe ich vergessen, dass es Engel gibt! Oder besser gesagt – dass es Engel gibt, die nur darauf warten, uns helfen zu dürfen. Wie mein Schutzengel auf der Bettkante. Vielleicht hätte ich es leichter gehabt, wenn der Kontakt nicht abgerissen wäre? Sicher (die Engel nicken). Ich hätte wesentlich weniger Angst gehabt und hätte mich nicht so allein gefühlt. Und das ist dann auch der Grund, warum Ingrid und ich bereits an einem weiteren Buch arbeiten – „Engel lieben Kinder – Kinder lieben Engel". In erster Linie ist es ein Buch für Kinder. Mit Karten, Märchen und inneren Abenteuern. Es soll aber auch eine Ermutigung für Eltern werden (MUT!), die spirituelle Seite ihrer Kinder zu stärken (Bitte!) und sich zu freuen, wenn Kinder Engel sehen, Engel spüren, mit Engeln lachen und mit Engeln wachsen.

An dieser Stelle möchte ich allen danken, die mich zu der gemacht haben, die ich heute bin. (Wenn ich sie alle aufzählen müsste, ergäbe das ein eigenes Buch!) Ganz besonders aber danke ich Gott für die Talente, die er mir gab. Bitte – setze mich weiterhin nach DEINEM Willen ein. Mögen noch viele gute Gaben durch meine-deine-unsere Hände fließen.

Gaby Marek

P.S.: Ach, eine Bitte habe ich doch noch.
Und zwar an Sie, liebe Leserin, lieber Leser.
Tragen auch Sie die Botschaft der Engel weiter. Sei es durch die persönliche Kommunikation unter Freunden, praktische Arbeit als Therapeut/in, sei es durch eine Geisteshaltung, die durch Liebe, Verständnis, Bemühen, Frieden und Freude gekennzeichnet ist. Aufgrund des wunderschönen Kontaktes mit Ingrid Auer und allen Interviewpartnern weiß ich, wie heilend und heilbringend eine *engelhafte* Gesinnung ist. Und genau diese wünsche ich Ihnen von ganzem Herzen.
Jetzt.

Engelsymbole und Lichtkörperprozess

Wir alle leben in einer Zeit großer Veränderungen. Täglich erfahren wir in allen Lebensbereichen, dass das, was gestern noch Bestand hatte, schon heute nicht mehr existiert. Sei es in der Politik, in der Wirtschaft, in der Natur – oder im Privatleben. Vieles läuft nicht mehr so wie noch vor wenigen Jahren. Menschen stürzen von einem Tag auf den anderen in tiefe Krisen – seien sie körperlicher oder seelischer Art – und stellen sich die Frage: Was ist los? Warum bin ich ständig krank? Warum funktioniert mein Verdrängen nicht mehr? Warum wird mir genommen, was ich am meisten liebe, woran ich mich am meisten klammere?

Eine Art Großreinemachen ist bemerkbar. So, als ob sich auch unser Planet Erde von etwas befreien wollte. Wir leben in einer Zeitenwende. Der Lichtkörperprozess hat begonnen ...

Ich kenne kein schöneres Beispiel, um Ihnen den Lichtkörperprozess deutlich zu machen, als nachfolgende Parabel, die Tashira Tachi-ren[1] von Erzengel Ariel im Jahr 1990 medial erhalten hat. Sie zeigt wunderbar bildhaft auf, worum es geht:

„Stell dir ein kugelrundes, versiegeltes Aquarium vor, das in einem anderen, viel größeren Aquarium steht. Die Fische im großen Aquarium können in die Kugel schauen, doch die Fische in der Kugel nicht nach außen. Die Glaskugel ist ihre einzige Realität. Das große Aquarium ist mit Salzwasser gefüllt, in dem viele wunderschöne Arten von Anemonen, Krabben und Fischen leben. Die versiegelte Kugel dagegen ist mit Süßwasser gefüllt und Goldfische leben in ihr.

Plötzlich beginnt ein Prozess, durch den das Glas der Kugel dünner und dünner wird. Kleine Mengen an Salzwasser sickern durch, und die Goldfische müssen sich rasch weiterentwickeln, damit sie diese Veränderungen verkraften können. Da das Glas dünner wird, beginnen die Goldfische kurze Blicke auf die Kreaturen im großen Aquarium zu erhaschen. Einige Goldfische halten die anderen für ihre Feinde und versuchen mutig, ihre Kugel vor der drohenden Invasion zu schützen. Sie halten die Anemonen für schlecht und beschuldigen andere Goldfische, von ihnen beeinflusst zu werden. Diese Goldfische verbergen ihre eigene Angst, projizieren jedoch ihre Angst in ihre Umgebung.

Andere Goldfische vermuten, dass die Fische im Aquarium schon seit langer Zeit die Glaskugel und ihre Bewohner kontrollieren. Sie sehen sich und die anderen Goldfische als

---

[1] Tashira Tachi-ren: Der Lichtkörper-Prozeß, Freiburg 1998

hilflose Opfer. Sie glauben, dass die Kreaturen auf der anderen Seite des Glases sie gefangen halten, um sie eines Tages aufzufressen. Und da sich nun die Glaskugel mehr und mehr auflöst, begegnen sie jedem neuen Tag mit großer Angst.

Einige Goldfische sehen die Fische auf der anderen Seite des Glases als heilige, allmächtige Götter. Damit geben sie ihre eigene innere Autorität völlig auf und pendeln zwischen Gefühlsextremen hin und her. Einmal empfinden sie sich als Auserwählte, ein anderes Mal als unwürdig und wertlos. Sie versuchen, verborgene Botschaften ihrer ‚Meister' zu interpretieren und richten ihre Handlungen und Glaubenssätze danach aus. Sie schwimmen in der Kugel hin und her und verursachen viele Luftblasen, aber keine dauerhaften Effekte.

Einige der Goldfische aber halten diese anderen Kreaturen für Brüder und staunen über die unglaublichen Variationen, die 'der Große Fisch' verwendet, um sich selbst auszudrücken. Sie folgen dem Geist des Großen Fisches mit jeder Kieme und jeder Flosse und empfinden Ekstase, da sie sich langsam darauf vorbereiten, bald in größeren Gewässern zu schwimmen."

Als Hilfe für unsere Umwandlung von kleinen Goldfischen in wunderschöne Kreaturen des Ozeans haben wir „vom Großen Fisch" die Engelsymbole und Engelessenzen erhalten. Mit Hilfe dieser „feinstofflichen Helfer" können wir uns auf den Weg machen, uns zu entwickeln und zu wachsen. Wir schaffen den Übergang vom Süß- ins Salzwasser leichter und damit unsere feinstoffliche Evolution, die in den nächsten Jahren noch vor uns liegt.

Denn das Energiefeld der Erde wird höher und höher schwingen – ob wir es wollen, oder nicht. Versäumt der Mensch, seine eigene Schwingungsebene ebenfalls zu erhöhen, kommt er unweigerlich in Spannungsfelder, die ihn in Krankheit, Depression oder Erstarrung bringen.

Allen Menschen, ganz besonders jenen, die im Bereich der Therapie und Heilung arbeiten, sei dringend geraten, sich mit dem Lichtkörperprozess zu beschäftigen. Nur so können sie begreifen, dass es längst nicht mehr nur darum geht, Körper, Geist und Seele zu heilen, sondern die Menschheit auf die fundamentalen, energetischen und geistigen Veränderungen der nächsten Jahre vorzubereiten und zu begleiten.

Das vorliegende Buch möge Ihnen dabei Hilfe und Anleitung sein.

Wie Sie mit diesem Buch arbeiten können

Dieses Buch ist ein Praxisbuch für interessierte Laien und Therapeuten/Heiler. Es gliedert sich in sechs Abschnitte. Zunächst möchte ich Ihnen erläutern, was Engel-Therapie-Symbole und Engel-Essenzen eigentlich sind und zugleich einen kurzen Rückblick zu meinem ersten Buch – „Heilende Engelsymbole" – geben.

Dann werden wir über den feinstofflichen Heilansatz sprechen. Es ist wichtig zu verstehen, *was* hier passiert, wenn wir mit den Engelenergien arbeiten. Ich denke, dass Worte nur sehr begrenzt vermitteln können, *was wirklich* ist. Den Rest dürfen wir mit dem Herzen verstehen. Oder anders ausgedrückt: Man sieht nur mit dem Herzen gut.

Letztendlich zählen für die Arbeit im feinstofflichen Heilbereich und mit den Engelenergien nur die eigenen Erfahrungen! Das Beste aus eben diesen (meinen) Erfahrungen biete ich Ihnen im Kapitel „Jetzt in die Praxis" an. Sie finden dort ein Handwerkszeug, das Ihnen die Arbeit erleichtert, die Effizienz Ihrer Behandlungen erhöht, Ihnen aber auch Ihre menschlichen Grenzen aufzeigt.

Dann finden Sie eine exakte Auflistung der Engel-Therapie-Symbole, die genaue Erklärung der Wirkungsweise auf seelischer und körperlicher Ebene, sowie deren Anwendung in Kombination mit Engel-Essenzen und Engel-Ölen. Manches davon empfing ich medial, anderes beruht auf Erfahrungswerten mit Klienten, ergänzt durch die Berichte aurasichtiger Menschen.

Wenden Sie gleich Ihr Wissen an und exerzieren Sie mit mir das Fallbeispiel „Allergien und deren Neutralisierung" durch. Der anschließende Block „Fragen und Antworten" soll noch bestehende Unklarheiten restlos beseitigen. Ansonsten stehe ich Ihnen in Seminaren für Fragen zur Verfügung. Abrunden möchte ich dieses Buch mit wertvollen Erfahrungsberichten. Gaby Marek hat eine große Zahl von Menschen gebeten, uns ihre ganz individuellen Erlebnisse in der Arbeit mit Engeln zu erzählen. Lesen Sie in einer Auswahl, auf welch vielfältige Weise Engel in unser Leben treten.

„Heilen mit Engel-Therapie-Symbolen" ist natürlich nicht nur für Therapeuten gedacht. Alle, die im Rahmen ihrer Familie oder im Freundeskreis helfend wirken, werden Rat und Unterstützung finden. Engel schauen – Gott sei Dank – nicht auf das Ausbildungs-Zertifikat an der Wand, sondern auf die Qualität des Herzens. Und wer ihre Hilfe sucht, wird sie auch bekommen.

Begleiten Sie mich nun in die faszinierende Welt der Engel und erleben Sie deren Heilkraft hautnah.

Man sieht nur mit dem Herzen gut TEIL I

„Ich verrate dir jetzt ein Geheimnis", sagte der Fuchs zum kleinen Prinzen:
„Man sieht nur mit dem Herzen gut." „Man sieht nur mit dem Herzen gut!",
wiederholte der kleine Prinz, um es sich zu merken.
„Das Wesentliche ist für die Augen unsichtbar!"

Antoine de Saint-Exupéry, Der kleine Prinz

Fühlen Sie sich manchmal erschöpft?

Sind Sie schon einmal einem guten Freund eine Antwort schuldig geblieben? Oder konnten Sie ihm/ihr nicht den Dienst erweisen, einfach nur wahrzunehmen, was mit ihm ist, sondern haben Sie sich gleich hineinziehen lassen in Probleme, die Sie gar nichts angehen? Dinge, die Sie aber belasten, schwer machen, bedrücken? Und wo Sie dann dachten: Das geht über meine Kräfte!
Hatten Sie schon einmal – als Therapeut – einen Klienten, der Sie viel Kraft, um nicht zu sagen, viele Nerven gekostet hat? Bei dem Sie einfach nicht mehr wussten, was Sie noch alles tun sollten, um ihm/ihr zu helfen? Bei dem Sie einfach empfunden hatten, dass Sie da keinen Zugang fanden? Dass es über Ihre Kräfte ging?

Arbeiten Sie in einem Krankenhaus oder auf einer Pflegestation, an einem Platz, an dem es täglich um Leid, Gebrechen, Krankheit und Tod geht? Gibt es in Ihrer Familie einen Pflegefall, der Sie fordert? Ein Kind, das ständig krank ist? Sind Sie jemand, der immer nur gibt, gibt, gibt und wirklich fühlt: Das geht über meine Kräfte!

Dann frage ich Sie: Warum lassen Sie sich denn nicht helfen? Als Therapeut, als Freund, als Mutter, als Vater, als Kind? Als jemand, der seine guten Kräfte vollständig und hundertprozentig in den Dienst der Heilung stellen will?

Warum schöpfen Sie nicht Kräfte aus der Himmlischen Schöpfung?

Hilfe ist immer da –
auch wenn wir sie nicht sehen.
Hilfe ist immer da – auch wenn wir (zunächst) nicht daran glauben.
Hilfe ist immer da – auch wenn wir sie nicht immer verstehen.

Hilfe ist da – denn Engel sind an Ihrer Seite.
Und sie haben uns wunderbare Geschenke
mitgebracht.

Symbole – Geschenke aus der Engelwelt

Es ist seltsam, aber am zugänglichsten für die Hilfe aus der Engelwelt ist man scheinbar, wenn es einem so richtig schlecht geht. Viele meiner Freunde und Kollegen – und selbstverständlich auch ich – mussten das erleben.

Bei Ingrid war es der Krebs, der sie beinahe dahinraffte. Bei Maria eine Bienenstichallergie mit ähnlicher Wirkung. Bei Gabriele schwerste Allergien ihrer beiden Kinder und bei Gaby, meiner Co-Autorin, so genannter „Zufall". Um es ganz genau zu definieren: akute Ekzeme.

Natürlich zähle auch ich zu den „Überzeugten". Und möchte noch hinzufügen: Ich ließ mich gerne überreden, mit den Engeln zusammenzuarbeiten. Es ging mir dann immer besser – mit den Engeln an meiner Seite.

Längst hatte ich den Kontakt zu meinem Schutzengel wiedergefunden, mein Leben nach einer schweren Krise neu geordnet, ja mit Hilfe der Engel neu strukturiert, ein Netzwerk engagierter FreundInnen aufgebaut, die sich der Engel-Arbeit widmeten und mein erstes Buch „Heilende Engelsymbole" herausgebracht. Und eigentlich wollte ich mich „nach getaner Arbeit" ein wenig zurücklehnen. Doch meine Engel waren da anderer Meinung ...

Wie sie alles eingefädelt haben? Im Nachhinein muss ich oft schmunzeln. Denn eines Tages kam mein Sohn Clemens zu mir und fragte mich, ob ich nicht ein Symbol für ihn hätte, er fühle sich so verschnupft, da er von unzähligen Allergien auf blühende Pollen sehr geplagt werde. Zu diesem Zeitpunkt waren gerade die Engelsymbole 1 – 49 entstanden. Also zog ich eines für ihn und es half. Aber so ganz war ich nicht zufrieden ... denn es war eigentlich für die Arbeit am Körper zu groß. Und schon war dieser kleine, bekannte Engel-Floh im Ohr, der mich zwang, weiter darüber nachzudenken.

„Für die Behandlung direkt am Körper braucht er kleinere Symbole!", dachte ich. Und noch besser wäre es, sie weiter zu spezifizieren. Symbole gegen Kopfschmerzen, andere bei Allergien, andere wiederum zur Entgiftung. Auf einmal bekam ich Symbole für Schwangerschaft, Menstruation, Migräne und plötzlich war ich mitten im Geschehen und mir war klar: Die Engel wollten Symbole, speziell für Therapien! (Daher der Name Engel-Therapie-Symbole.) Tag und Nacht „bombardierten" sie mich mit geistigen Bildern, wie diese auszusehen hätten, wofür sie gedacht seien, wo am Körper man sie auflegen müsste und was sie bewirken würden. Da ich in der Zwischenzeit gelernt hatte, den

Engeln bedingungslos zu gehorchen, entstanden nach und nach und in ziemlicher Windeseile (Engel sind wirklich sehr innovativ) neue, kleine Symbole. Jeweils sieben von ihnen fasste ich zu einem eigenen Therapiesatz zusammen, welchen ich dann, zugegebenermaßen neugierig, Kollegen für Testzwecke anbot. Die Ergebnisse waren mehr als verblüffend.

Eine Klientin etwa hatte einen schmerzenden Arm, den sie nur 10 cm nach vorne und gar nicht nach hinten bewegen konnte. Meine Kollegin klebte ihr die Engel-Therapie-Symbole No. 36 | Rukiel (Gelenke) auf. Zwei Tage später konnte diese Dame den Arm wieder bewegen.

Dennoch ist es mir sehr wichtig, immer wieder darauf hinzuweisen, dass Engelsymbole keine Heilmittel im medizinischen Sinne sind. Sie wirken in erster Linie auf der seelisch-feinstofflich-spirituellen Ebene des Menschen. Wenn der Körper nachzieht, kann es auch Verbesserungen und Heilungserfolge auf der körperlichen Ebene geben.

Die Erfahrungsberichte und Erfolge ermutigten mich. Und nicht nur mich. Von Seiten der Therapeuten (und der Engel) hieß es bald: „Ich bräuchte Engel-Therapie-Symbole" für dies und „Engel-Therapie-Symbole" für das. So entstanden nach und nach 59 (!) Symbol-Sets, deren Wirkungs- und Anwendungsweise in diesem Buch zusammengefasst sind.

Ob der Prozess bereits abgeschlossen ist? Ich weiß es nicht. Fest steht, dass sich diese Symbol-Sets als wahre Bereicherung für Menschen herausgestellt haben, die in Heilberufen tätig sind und mit feinstofflichen Energien arbeiten. Und natürlich für alle Menschen, die mit Engel-Energien heil werden möchten. Lassen Sie mich daher nun an dieser Stelle einiges Grundsätzliche zum Thema Engelsymbole und Engel-Therapie-Symbole sagen.

Was sind Engelsymbole?

Wenn ich im Folgenden von Engelsymbolen spreche, dann meine ich sowohl die Engelsymbole 1 – 49, die in meinem ersten Buch „Heilende Engelsymbole" vorgestellt wurden, als auch die Engel-Therapie-Symbole, die in diesem Buch beschrieben werden. Beiden gemeinsam ist, dass sie ein wirklich großartiges und großzügiges Geschenk der Engelwelt darstellen.

Sie wurden im Auftrag der Engel durch mich hervorgebracht. Man könnte auch sagen, ich habe sie gechannelt bekommen bzw. eine so starke innere Überzeugung empfunden und erlebt, dass ich geistig Empfangenes in der Materie umsetzte. Ohne zu zweifeln.

Ich verstehe mich dabei aber nicht als ein Channel-Medium. Ich vermittle gewissermaßen durch das geschriebene Wort, in allererster Linie aber durch die Symbole.

Was sind nun Engelsymbole? Ihrem Geheimnis kommt man am besten auf die Spur, wenn man sie mit einer CD vergleicht. Eine CD ist ein Tonträger, ein Datenträger sozusagen. Engelsymbole sind ebenfalls Datenträger – auf ihnen sind die feinstofflichen Energien der Engelwelt gespeichert.

AURA-Bild 1	AURA-Bild 2	AURA-Bild 3
Aura vor Anwendung des Engelsymbols	Aura nach Anwendung des Erzengel-Uriel-Symbols	Aura nach Anwendung des Erzengel-Gabriel-Symbols

Ohne diese Energien wären sie nur sehr begrenzt wirksam! Auf die zweite und dritte Wirkungsebene – die Farbe und das Symbol selbst – werde ich noch zu sprechen kommen. Ebenso erläutere ich noch die feinstofflichen Körper und Chakren. Denn die Symbole haben – wie Sie noch sehen werden – eine sagenhafte Wirkung auf die feinstofflichen Körper.

Wichtig ist auch zu wissen, dass die Engelsymbole permanent von der Engelwelt „nachgeladen" werden, das heißt, ihre Energie erschöpft sich nicht. Egal, wie oft Sie die Symbole verwenden, sie verlieren nicht an Wirkung. Sie werden auch von der Engelwelt energetisch geschützt und versiegelt, das heißt, es können keine negativen, belastenden Energien in das Symbol hinein. Das würde die Engelwelt einfach nicht zulassen! Das zu glauben, ist natürlich Vertrauenssache und nicht jeder ist gleich dazu bereit. So hat mir eine Freundin einmal berichtet, sie hätte kinesiologisch ausgetestet, dass die Symbole negative Energien enthielten und deshalb müsse sie die Engelsymbole zur Reinigung unter einem Holunderstrauch im Garten vergraben ... Die Engelwelt hat sich darüber sehr amüsiert.

Engelsymbole können auch nicht missbräuchlich verwendet werden. Sollte jemand auf die Idee kommen, die Symbole manipulativ zu verwenden, würde die Energie durch die Engel *sofort* abgezogen werden.

Einsatz und Wirkung

Engelsymbole (und Essenzen) sind vielseitig einsetzbar. Sie beschleunigen Heilungsprozesse, fördern die Selbsterkenntnis – als Teil des Heilungsprozesses – und unterstützen uns, Krankheiten als Chance zu begreifen und anzunehmen. Angenehmerweise helfen sie, Probleme „schichtweise" für den Heilungsprozess aufzubereiten und Stück für Stück abzutragen. Darüber hinaus verstärken sie den Zugang zum Engelreich, erhöhen die Wahrnehmung von Engeln und unterstützen die spirituelle Entwicklung. Ja, sie erwecken Anlagen und Fähigkeiten auf der spirituellen Ebene, wie z. B. Hellsehen, Hellfühlen, Telepathie u.ä..

Ihre Einsatzmöglichkeiten sind vielfältig, aber …
„Am stärksten wirken die Symbole am und in der Nähe des Körpers", ließ mich mein Engel Uranioa wissen. „Sie sind in erster Linie für den Gebrauch am Körper gedacht." Und wenn ich ergänzen darf – für die Heilung des feinstofflichen Körpers. Das heißt jetzt nicht, dass die Engelsymbole nicht auch Engelsenergien in Wohnräume bringen. Sie können sehr wohl Räume beleben und aktivieren. Aber für die Entstörung von Wasseradern oder geomantischen Störfeldern sind sie in der Regel zu schwach, oder besser gesagt: Für diesen Einsatz sind sie von der Engelwelt nicht vorgesehen.

Bleiben wir beim Körper: Es gibt bestimmte Punkte am Körper, auf denen die Symbole besonders starke Wirkung zeigen. Dies sind alle Chakren, die Nebenchakren und die Thymusdrüse. In der Praxis hat sich gezeigt, dass es keinen Unterschied macht, welche Seite des Symbols direkt am Körper liegt. Ja, es kommt nicht einmal darauf an, die Symbole punktgenau zu legen. Hellsichtige Menschen beobachten immer wieder, dass sich die Energien ihren Weg durch den (fein)stofflichen Körper bahnen. Je genauer wir allerdings die Symbole platzieren, umso kürzer ist der Weg, den die Energie zu fließen hat! Dies hat mir wiederholt meine aurasichtige Freundin und Kollegin Margit, die in diesem Buch ein paar Mal zu Wort kommt, bestätigt.

Dass Sie mit den Symbolen auch ganz anders arbeiten können, zeigt eine Dame aus Deutschland. Sie schrieb mir, dass sie zu Beginn ihrer Behandlungen vier Symbole auswählen oder ziehen lässt, diese vier Symbole auf die Eckpunkte ihrer Behandlungsliege legt und in dieser Energie, die sich aus den vier Energiesäulen ergibt, arbeitet. Mit großem Erfolg!

Engelsymbole kann man wunderbar zu Meditationen verwenden. Viele Klienten (siehe Kapitel 6) berichteten, dass Meditationen zum fixen Bestandteil ihres Lebens geworden sind. Sei es mit Hilfe eines Persönlichen Symbols, sei es mit einer Engelkarte oder mit einem Symbol aus dem Therapiesatz – lassen auch Sie sich während Ihrer Meditation von dieser wunderbaren Energie verwöhnen!

Engelsymbole kann man auch gut im Alltag einsetzen. Wenn wir Wasser oder Nahrungsmittel energetisieren wollen, legen wir ein Symbol darunter. Oft reichen wenige Sekunden und das Wasser oder Nahrungsmittel hat um 50 % mehr Lebensenergie! Ein Symbol auf die Windschutzscheibe geklebt, schützt uns beim Autofahren. Engelsymbole unter das Kopfkissen gelegt, vermitteln eine wunderbare Geborgenheit und „bearbeiten" uns im Schlaf!

Wenn man noch den Grundsatz „Weniger ist mehr" beherzigt und nicht zu viele Symbole mischt (mehr als fünf Symbole gleichzeitig anzuwenden ist im Regelfall nicht empfehlenswert), kann man eigentlich nichts falsch machen.

Engelkräfte stehen für uns bereit

Ich vergleiche die Engel-Therapie-Symbole gerne mit kleinen Therapeuten:

*Wer sie verwendet,
holt sich zusätzlich
die Kraft der Engel herein!
In den Raum,
auf den Behandlungstisch, ja –
in die Hände und auch
in den Verstand!*

Es ist wirklich so: Mit Hilfe der Engel wird auch die eigene Kraft verstärkt. Ich erfahre sehr oft von meinen Kollegen und Menschen, die mit den Engel-Therapie-Symbolen arbeiten (siehe Interviews), dass diese wesentlich mehr Menschen und gleichzeitig energetisch besser als früher helfen können. Ohne sich erschöpft, ausgelaugt oder überfordert zu fühlen! Auch die Art der Hilfestellung wird durch die Engelenergie veredelt. Ich kenne keinen einzigen Bereich und keine einzige Behandlungsform, die nicht mit Hilfe der Engel effizienter, erfolgreicher und wohltuender ablaufen könnte!

Tatsächlich ist *jede* Form von Therapie oder Energiearbeit mit Engel-Therapie-Symbolen und deren Lichtenergien kombinierbar. Wenn Sie aber die Kraft der Engel in Anspruch nehmen, sollten Sie einiges beachten:

1. Respekt und Dankbarkeit

Engel stellen sich freiwillig zur Verfügung, um uns zu helfen. Freiwillig, aber nicht um jeden Preis!

Seien Sie ihnen dankbar und bringen Sie das auch immer wieder zum Ausdruck. Sei es durch ein herzliches „Dankeschön", einen Strauß Blumen, den Sie Ihren Engelhelfern schenken, oder mittels einer schönen Kerze, die Sie für die Engel entzünden.

3. Nicht übertreiben!

Wenn man mit Symbolen arbeitet, sollte man im Normalfall nicht mehr als fünf gleichzeitig verwenden.

Ist das Thema abgeschlossen, legt man am besten ein paar Tage Pause ein. So kann der Körper alle Informationen integrieren und verarbeiten!

Einsatz und Wirkung

Heilen mit Engel-Therapie-Symbolen

2. Keine Medizin

Engelsymbole sind feinstoffliche Heilungsenergien. Lassen Sie niemals den Vergleich mit einer Tablette oder Tropfen zu, die der Arzt (auch nicht der homöopathische!) verschreibt.

Engelsymbole arbeiten auf der feinstofflichen Ebene; auf der rein körperlichen Ebene zeigt sich ihre Wirkung oft sehr zeitverschoben.

4. Bessere Hilfestellung für zu Hause

Die Klienten-Nachbetreuung läuft durch den Einsatz von Engel-Therapie-Symbolen gewinnbringender für beide Seiten ab!

Aus Erfahrung weiß ich:
- Die Heilungsenergie (einer Therapiebehandlung) wird länger gehalten
- Der Heilungsprozess läuft zu Hause weiter
- Das Bewusstsein des Klienten wird erhöht
- Die feinstofflichen Körper des Klienten werden aktiviert

TEIL II Feinstoffliches Heilen

> Alles Leben ist Schwingung.
> So wie das Licht in seinen unterschiedlichen Schwingungsfrequenzen
> von uns Menschen grün, blau, rot usw.
> gesehen wird, so werden die unterschiedlichen
> Schwingungsebenen in der Aura von uns als emotional,
> mental oder spirituell erlebt.
> Um darüber überhaupt reden zu können, müssen wir
> Unterscheidungen treffen.

Was überhaupt ist NICHT feinstofflich?

Die Wissenschaft steht heute vor einer Erkenntnis, die die alten Weisen immer schon hatten: Alles ist Energie. Mit dem Unterschied, dass wir sie einmal mehr und einmal weniger wahrnehmen können – je nach Bewusstseinsstand. Längst gilt als erwiesen, dass der Mensch nicht nur aus einem grobstofflichen, physischen, sichtbaren Körper besteht – und selbst der besteht aus verdichteter Energie –, sondern auch aus einem feinstofflichen Körper, der Aura. Aurasichtige sehen, dass diese Schichten größer sind als unser sichtbarer Körper, dass sie funkeln, pulsieren, leuchten, in allerlei Farben strahlen, ja dass sie sogar ab einer gewissen Frequenz mit allen Wesen in Verbindung stehen. Dass sie EINS sind ...

Schwingungsfrequenz, Ebene, Dimension, Auraschicht, DNS, feinstoffliche Heilpraktiken... das sind alles nur Worte, selbst erbaute Gedankengerüste, um das Gesehene, Erfühlte, Erfahrene in Worte zu kleiden. Jeder verwendet seine eigenen Begriffe dafür, begrenzt durch seine eigene Wahrnehmungsmöglichkeit. Deshalb können Sie in unterschiedlichen Büchern Unterschiedliches darüber lesen. In Wahrheit ist alles EINS. Und in Wahrheit gibt es keine Worte.

Doch dies ist ein Arbeitsbuch, das Ihnen die Feinstofflichkeit in Zusammenhang mit den Engelsymbolen und Engelessenzen verständlich machen möchte. Daher möchte ich Ihnen im Folgenden das nötige Basiswissen für feinstoffliches Heilen näherbringen. Dabei werde ich Begriffe wählen, die Sie in anderen Büchern auch finden, damit Sie selber den Bezug zu den Engelsymbolen und Essenzen herstellen können. Denn darum geht es mir!

Die Aura – unsere göttliche Datenbank

Im Universum existiert der Grundsatz, dass keine Energie verloren gehen kann. Bestes Beispiel hierfür ist die Aura. Wir können sie mit einer riesigen Datenbank vergleichen, in der alle Erfahrungen und Emotionen, egal ob positiv oder negativ, gespeichert werden. Selbst wenn unser Erinnerungsvermögen nicht mehr funktioniert – im Zellgedächtnis unseres Körpers und in der Aura ist alles enthalten, sogar Erfahrungen, die weit in frühere Leben zurückreichen.

Wir sollten uns immer wieder in Erinnerung rufen, dass eine dauerhafte Heilung oder Veränderung *nur über die feinstofflichen Körper* eines Menschen möglich ist.

Dabei gehen wir von sieben feinstofflichen Hüllen oder Auraschichten aus, die den Körper eines Menschen umschließen. Es gilt aber als sicher, dass es über die sieben feinstofflichen Körper hinaus noch weitere gibt. Bleiben wir bis auf weiteres bei der Zahl sieben, und lassen Sie mich gleich zu Anfang den am meisten verbreiteten Irrtum bezüglich der Aura ausräumen: Die sieben Auraschichten sind nicht mit Zwiebelschichten zu vergleichen! Sie sind *nicht* aneinander, sondern ineinander gereiht. Sie überlappen sich tatsächlich, und die äußeren werden dabei immer ein wenig größer. Ganz entscheidend ist, dass die nachfolgenden feinstofflichen Körper eine höhere Schwingungsfrequenz haben als die vorhergehenden. Das ist der Punkt!

Sind die feinstofflichen Körper stark entwickelt und gesund, kann man ein ausgeglichenes, erfülltes, gesundes Leben führen. Ist die Aura in einem Bereich aber schwach oder verletzt, dann besteht die Schwierigkeit, notwendige Erfahrungen – die dieser Ebene zugeordnet werden – zu integrieren und zu leben. Krankheiten zeichnen sich immer zuerst in der Aura ab, bevor sie am grobstofflichen Körper des Menschen sichtbar werden.

Jede Aura-Schicht sieht anders aus und hat eine ganz spezifische Funktion. Vereinfacht dargestellt könnte man sagen, sie ist jeweils mit einem bestimmten Chakra verbunden. So ist zum Beispiel der erste feinstoffliche Körper mit dem Wurzelchakra verbunden, der zweite Körper mit dem Sexualchakra usw. Die vier untersten Schichten sind die „dichtesten" Körper, die drei oberen sind kaum mehr wahrnehmbar. Verbunden sind alle Chakren durch einen vertikalen Energiestrom entlang der Wirbelsäule, der über die Grenzen des physischen Körpers am Scheitel und am Steißbein hinausgeht. Dort hinein entladen die Chakren ihre Energie, die sie aus dem universellen Lebensenergiefeld aufnehmen. Wie breit der Kanal ist, hängt von der spirituellen Entwicklung des Menschen ab. Bei den meisten ist er etwa zweieinhalb Zentimeter breit, kann jedoch bis zu fünfzehn Zentimeter breit werden!

Die sieben feinstofflichen Körper und was sie bedeuten

Erster Körper – Ätherkörper

Der Ätherkörper („Äther" = Zustand zwischen Materie und Energie) ist das genaue Abbild des physischen Körpers. Er besteht aus feinen Energielinien und pulsiert etwa fünfzehn- bis zwanzigmal pro Minute. Auf dieser Ebene spüren wir alle physischen Empfindungen, sowohl die schmerzhaften, als auch die angenehmen. Und auch die so genannten „Phantomschmerzen". Man könnte den Ätherkörper auch als glitzerndes Lichtnetz beschreiben, das den physischen Körper im Abstand von etwa einem bis fünf Zentimetern überzieht. Auf diesem Lichtnetz bewegen sich blau-weiße Lichtpunkte. Die Chakren erscheinen in diesem Körper in den Farben grau bis blau.

Ruhige, sensible Menschen haben eher einen feinen, dünnen, wasserblauen Ätherkörper, starke und robuste Menschen einen dicken, rauen, graublauen Ätherkörper. Sportler und Tänzer haben eine sehr hochentwickelte Ätherschicht, mit mehr Energielinien, die dicker, elastischer und stärker aufgeladen sind als bei Durchschnittsmenschen. Die Chakren des Ätherkörpers erscheinen in den gleichen Farben, also blau bis grau. Aurasichtige Menschen können selbst die Organe des physischen Körpers in diesem schillernd-bläulichen Licht wahrnehmen.

Ist der erste Körper stark und aufgeladen, genießen wir die mit diesem Körper verbundenen Empfindungen, wie Aktivität, körperlichen Kontakt, Sexualität, Vitalität, aber auch einen erholsamen Schlaf. Auch die Sinnesfreuden wie Riechen, Schmecken, Tasten, Hören und Sehen stehen mit dem Ätherkörper in Verbindung. Ist der Ätherkörper schwach, fühlen wir uns insgesamt schwach und lustlos, jegliche körperliche Aktivität, Sexualität oder sogar die Nahrungsaufnahme werden uns zur Qual.

Unser Grundbedürfnis auf der Ätherkörper-Ebene ist, uns körperlich wohl zu fühlen, gesund zu sein und körperliche Empfindungen zu genießen.

Zweiter Körper – Emotionalkörper

Der Emotionalkörper durchdringt sowohl den physischen Körper als auch den Ätherkörper, Letzterem folgt er im Umriss und etwa drei bis acht Zentimeter darüber hinaus. Seine Struktur ist bereits viel flüssiger als die des ätherischen Körpers. Aurasichtige sehen ihn als farbige Wolken, die ständig in Bewegung sind. In diesem Körper erscheinen die Chakren in den Farben der klassischen Farbzuordnung: Wurzelchakra – rot, Sexualchakra – orange,

Solarplexus-Chakra – gelb, Herzchakra – grün-rosa, Kehlchakra – hellblau, Stirnchakra – indigoblau, Scheitelchakra – weiß.

Je positiver und klarer die Gefühle sind, wenn wir also Freude, Liebe oder Fröhlichkeit erleben, desto klarer und heller erstrahlt der Emotionalkörper in den jeweiligen Regenbogenfarben. Helle, farbige Energiewolken weisen auf ein positives Selbstwertgefühl, dunkle, schmutzige auf ein negatives hin. Gefühle wie Angst oder Ärger zeigen sich in trüben, schmutzigen Farben. Werden Gefühle unterdrückt, wird auch der Energiefluss im Emotionalkörper unterbrochen, und es entstehen dunkle, schmutzige Energiefelder. Wilhelm Reich, der Begründer der Orgontherapie, nannte diese stagnierenden Energiefelder „Dead Orgon Energy", also tote Bioenergie. Diese negativen Energien manifestieren sich im physischen Körper und stören sein gesundes Funktionieren. Auch in den benachbarten Energiekörpern kann das zu einer energetischen Stagnation führen.

Ist der zweite Körper stark und aufgeladen, lieben und achten wir uns selbst. Wir fühlen uns wohl in uns selbst, haben ein intensives Gefühlsleben und ein gutes Selbstwertgefühl.

Ist der Emotionalkörper hingegen schwach und zu wenig aufgeladen, sind wir zu keinen intensiven Gefühlen fähig. Oder wir haben sie verdrängt. Ist der Emotionalkörper stark aufgeladen, aber von dunklen und stagnierenden Energiefeldern gefüllt, dann hassen wir uns möglicherweise selbst und sind deprimiert, weil wir uns nicht annehmen können.

Unser Grundbedürfnis auf der Emotionalkörper-Ebene ist es, uns selbst anzunehmen und zu lieben und in einer positiven Beziehung zu uns selbst zu stehen.

Dritter Körper – Mentalkörper

Der mentale Körper schließt am Emotionalkörper an und durchdringt gleichzeitig alle darunter liegenden Schichten. Seine Strukturlinien sind fein und zeigen sich in der Form eines ganz dünnen Schleiers, der in einem hellgelben, zitronenfarbenen Licht erscheint. Auch die Chakren erscheinen in diesem Körper in Zitronengelb. Das Licht strömt von Kopf und Schultern aus, umfließt den ganzen Körper und pulsiert in einer sehr hohen Frequenz. Normalerweise erstreckt sich der Mentalkörper acht bis zwanzig Zentimeter über den physischen Körper hinaus.

Der Mentalkörper steht mit den Gedanken in Beziehung und verändert sich mit ihnen. Befindet sich ein Mensch in tiefer Konzentration, wird das Gelb heller und heller und dehnt sich aus. Je klarer und präziser ein Gedanke ist, desto klarer ist auch die Form des Mentalkörpers. Wir können diesen Gedankenformen Energie zuführen, indem wir uns

immer wieder auf bestimmte Gedanken konzentrieren. Wir können uns damit enorm beeinflussen, und zwar in beiden Richtungen: Positive Gedanken stärken uns, negative schwächen uns.

Wenn der Mentalkörper gesund und in Balance ist, können Intuition und Rationalität gut kooperieren, und wir erleben Klarheit und Ausgeglichenheit. Die Freude am Lernen ist da. Ist er schwach und schlecht aufgeladen, besteht meist kein Interesse am Lernen oder sonstigen intellektuellen Betätigungen. Sind die ersten drei Energiekörper im Gleichgewicht, fühlen wir uns sicher und leben in Übereinstimmung mit unserer Umwelt und unserer eigenen persönlichen Kraft. Sind der Ätherkörper und der Emotionalkörper schwach, der Mentalkörper jedoch stark, leben wir zu sehr im Intellekt, werden kopflastig und beschränken unsere Lebenserfahrungen auf die Verstandesebene.

Negative Gedanken verlangsamen, verdunkeln und verzerren den Mentalkörper. Sie manifestieren sich auch und sind als Energieform sehr schwer zu verändern. Sie können aber auch durch stagnierende Energien im Emotionalkörper (Emotionen in Bezug auf uns) oder im Astralkörper (Emotionen in Bezug auf andere) entstehen. Ist der Energiefluss auf einer der benachbarten Ebenen oder sogar auf beiden unterbrochen, stagniert er auch im Mentalkörper. Das heißt, wenn wir die Gefühle – egal ob positive oder negative – zu uns selbst oder zu anderen nicht fließen lassen, entstehen in unserem eigenen Mentalkörper negative Gedankenformen. Ein ehrliches Gespräch oder eine ehrliche Innenschau könnte dieses Problem lösen.

Unser Grundbedürfnis auf der Mentalkörper-Ebene ist es, klar und logisch denken zu können und unseren Intellekt in Verbindung mit unserer Intuition zu bringen.

Vierter Körper – Astralkörper

Der vierte Körper ist amorph (= form-, gestaltlos), leuchtet in den Farben des Regenbogens und über jeder Farbe schimmert das rosa Licht der Liebe. Selbst die Chakren erscheinen in diesem Körper in Regenbogenfarben, mit Rosa durchtränkt. Die Energien des Astralkörpers scheinen dicker zu sein, obwohl sie höher schwingen. Aurasichtige sehen sie als bunte Flüssigkeiten, die sich etwa fünfzehn bis dreißig Zentimeter nach außen erstrecken. Wenn ein Mensch liebt, ist sein Herzchakra im Astralkörper ganz mit Rosa angefüllt.

Zwischen zwei Menschen, die in Liebe miteinander verbunden sind, spannt sich ein Bogen von rosafarbenem Licht. Die Bezeichnung „Liebesband" ist daher wörtlich zu nehmen. Aurasichtige sehen diese „Bänder von Herz zu Herz" sehr gut. Wir anderen spüren sie zumindest, denken Sie nur an Frischverliebte: Ihnen sieht man diese Energieverbindung förmlich an, sie schweben noch auf rosa Wolken!

Je tiefer die Beziehung ist, desto mehr Bänder entstehen und desto stärker werden sie. Trennungsschmerzen entstehen durch das Zerreißen dieser Bänder. Auch emotionale Abhängigkeiten können durch diese Bänder entstehen. Wer mehr dazu wissen will, dem möchte ich das Buch von Phyllis Krystal „Die inneren Fesseln sprengen" ans Herz legen. Sie nennt ihre Arbeit „Cutting" und leitet dazu an, ungewollte Bindungen aus vergangenen Beziehungen, aber auch zwischen Eltern und erwachsenen Kindern zu lösen.

Sind wir mit einem Menschen in Liebe verbunden, strömen große Mengen von rosafarbener Energie in weichen Wellen zum anderen und berühren ihn. Das kann bewusst oder unbewusst, versteckt oder offen geschehen. Schwingt Leidenschaft mit, enthält das Rosa viel Orange mit einer stimulierenden Wirkung. Sind wir im Neid verhaftet, wird diese Energie graugrün, schleimig und klebrig. Wut und Ärger zeigen sich in dunkelrot, die Energieform wird rau, scharf und dringt schmerzhaft in das Energiefeld des anderen ein.

Das Thema des Astralkörpers ist die Liebe zu allen Wesen. Schwingt der Astralkörper zu niedrig, ist der Energiefluss wie ein zähflüssiger Schleim, der Unwohlsein, Schmerzen, ein Gefühl von Schwere oder Erschöpfung zeigt und schließlich zu Krankheiten führt. Auf der zwischenmenschlichen Ebene kann ein schwacher Astralkörper zur Isolation führen. Wir fühlen uns zu anderen nicht hingezogen, meiden Beziehungen oder erleben häufig Konflikte. Ist der Astralkörper stark, gesund und aufgeladen, haben wir starke und gute Beziehungen, lieben den Umgang mit Menschen, egal, ob in der Familie, im Beruf oder im Freundeskreis. Die Liebe ist ein wichtiger Bestandteil unseres Daseins.

Unser Grundbedürfnis auf der Astralkörper-Ebene ist, in Liebe mit unseren Mitmenschen verbunden zu sein.

Fünfter Körper – Ätherische Blaupause

Der fünfte Körper, auch ätherischer Negativkörper genannt, ist der „Ätherkörper auf der geistigen Ebene". Der erste Körper – Ätherkörper – ist mit dem fünften Körper eng verbunden und entwickelt sich in diesen hinein. Ist der Ätherkörper durch Krankheit verzerrt, ist es notwendig, an der Ätherischen Blaupause zu arbeiten.

Die Ätherische Blaupause erstreckt sich ca. siebzig Zentimeter nach außen, sieht aus wie ein schmales Oval und enthält die Struktur des gesamten Aurafeldes, der Chakren, Organe, Körperformen, und zwar in „negativer Form". Aurasichtige, die diese Ebene wahrnehmen können, sprechen von einem kobaltblauen Licht, das wie ein leerer Raum aussieht und aus durchsichtigen Energielinien besteht, die den feinstofflichen Körper zeichnen. Daher der Name Blaupause. Selbst die Chakren erscheinen als transparente Linien auf kobaltblauem Hintergrund. Im fünften Körper ist der persönliche Lebensplan, den jeder Mensch in Übereinstimmung mit dem Göttlichen Willen in das Leben mitgebracht hat, abgespeichert. Ob wir danach leben, ist unser freier Wille. Je mehr wir aber – bewusst oder unbewusst – von unserem inneren Plan abweichen, desto stärker kommen wir in innere und äußere Spannungsfelder, die manchmal durch Krankheit oder Unfälle sichtbar werden.

Leben wir unseren persönlichen, göttlichen Plan, sind wir in unserer Kraft und Stärke, genießen Weisheit und Lebensfreude. Wir nutzen unser angelegtes Potenzial und fühlen uns mit allem verbunden, was uns umgibt. Ist unser fünftes Energiefeld stark, haben wir einen Sinn für Ordnung, Pünktlichkeit und Sauberkeit. Wir spüren eine starke Führung in uns und folgen ihr. Wir können unsere Visionen umsetzen. Unsere Sinneswahrnehmungen erhöhen sich. Ist unsere negative Blaupause schwach, leben wir nicht in Übereinstimmung mit der Göttlichen Ordnung. Unser Leben passt nicht ins große universale Muster, wir fühlen uns auch nicht mit unserer Umgebung verbunden und sind ständig auf der Suche nach einem tieferen Lebenssinn. Unzufriedenheit und Frust machen sich breit. Unordnung, Chaos und mangelnde Kreativität sind Zeichen eines schwachen fünften Energiekörpers. Ist der Zugang zum fünften Körper völlig verschüttet, ist selbst die Idee, dass es einen Lebensplan geben könnte, völlig fremd. Andere, vor allem die, die nach dem inneren Lebensplan leben, werden verurteilt oder verachtet. Zusammenhänge zwischen grobstofflicher und feinstofflicher Welt, zwischen sichtbarer und unsichtbarer Ebene werden weder verstanden noch akzeptiert. Der Mensch lebt völlig in der materiellen Ebene und leugnet alles, was er nicht sehen oder begreifen kann.

Unser Grundbedürfnis auf der Negativen-Blaupause-Ebene ist, dem inneren Göttlichen Willen zu folgen, unsere persönliche Wahrheit zu schaffen sowie nach dieser zu leben.

Sechster Körper – Himmlischer Körper
Der sechste Körper ist der „Emotionalkörper auf der geistigen Ebene". Es ist der Körper, auf dem wir unsere geistigen Erfahrungen, unsere „geistigen Ekstasen" erleben. Es ist der Punkt, an dem wir erfahren, dass wir mit dem gesamten Universum verbunden sind. Dass alles Licht und Liebe ist. Es ist leider kein dauerhafter Zustand, aber eine Vision dessen, was IST, und durch Meditation oder andere Transformationsmethoden erreichbar. Indem wir anderen Licht und Liebe schicken, gelangen wir immer wieder in diesen Zustand der ALL-LIEBE.

Der Himmlische Körper erstreckt sich etwa sechzig bis achtzig Zentimeter nach außen und enthält alle Regenbogenfarben in wunderschönen irisierenden Pastellfarben. Darüber liegt ein gold-silberner

Schein, ähnlich wie Perlmutt. Die Form des sechsten Energiekörpers ist nicht strukturiert, er hat eine sehr hohe Energiefrequenz und erscheint als Lichtstrahlung, die vom Körper ausgeht. Die Chakren erscheinen in diesem Körper in irisierenden Pastellfarben mit silbrigem Perlmuttglanz.

Ist der sechste Energiekörper stark und gesund, strahlt die Energie in hellen, vollen, geraden Lichtstrahlen von unserem Körper aus. Je heller und strahlender dieser Himmlische Körper ist, desto mehr wird uns die damit verbundene geistige Ebene bewusst. Es erfüllt uns mit tiefer, heilender Ruhe, mit spiritueller Liebe, Freude und Glückseligkeit. Wir fühlen uns mit allen Wesen der geistigen Welt verbunden, mit den Engeln, Erzengeln und geistigen Führern, aber auch mit der Erde, den Menschen und allen anderen Geschöpfen der Natur. Ist der sechste Körper schwach und energielos, schafft es ein Mensch kaum, inspirierende oder spirituelle Erfahrungen zu machen. Es mangelt dann schon an der Vorstellungskraft, wenn andere Menschen davon reden oder der Betreffende darüber liest. Das, was er sehen, messen, anfassen oder begreifen kann, bestimmt seine Welt, alles andere verweist er ins Reich der Fantasie.

Die sechste Ebene ist wunderschön, doch der Umgang mit ihr birgt einige Gefahren. Wer nur „hochgeistig" leben will, ist abgehoben und weltfremd. Der hat noch nicht gelernt, dass die physische Welt inmitten der spirituellen Welt existiert und nicht außerhalb. Manche Menschen glauben sogar besser zu sein, weil sie in dieser geistigen Enklave leben. In Wirklichkeit haben sie Angst vor der irdischen Welt und projizieren alles ins Geistige.

Unser Grundbedürfnis auf der Himmlischer-Körper-Ebene ist es, spirituelle Erfahrungen zu machen sowie in die bedingungslose Liebe zu gelangen.

Siebenter Körper – Kausalkörper / Ketherischer Negativkörper

Der siebente Körper ist der „Mentalkörper auf der geistigen Ebene" und erstreckt sich etwa siebzig bis hundert Zentimeter nach außen und hat die Form eines Eis. Es enthält Licht, das aus Abertausenden goldenen Fäden besteht, welche sehr schnell pulsieren. Das „Aura-Ei" steht auf der Spitze, seine Schale hat eine Dicke von etwa einem Zentimeter, ist sehr elastisch und widerstandsfähig. Aufgabe des Kausalkörpers ist die Regulierung des Energieflusses zwischen Aura und umgebendem Raum, sowie Schutz und Hülle für alle feinstofflichen Körper. Chakren erscheinen auf dieser Ebene aus goldenem Licht.

Der Kausalkörper enthält den Lebensplan des jeweiligen Lebens und steht direkt mit der geistigen Ebene in Verbindung. Ebenso befinden sich

hier auch die Spuren vergangener Leben, sie laufen wie bunte Lichtbänder über die „Eischale". Die goldenen Lichtfäden durchwirken und verbinden alles: die Zellen eines Körperteils, eines Organs, den ganzen Körper, eine Menschengruppe oder die gesamte Welt. Im siebenten Energiekörper ist auch der Hauptkraftstrom entlang der Wirbelsäule am stärksten.

Der siebente Körper ist die Ebene der Göttlichen Weisheit. Können wir unser Bewusstsein in diese Ebene heben, sind wir angeschlossen an das Göttliche Wissen. Wir fühlen uns als Teil davon. Manchen Menschen gelingt es bereits, sie haben Zugang zu Informationen, die mit unseren normalen Sinneswahrnehmungen nicht erfahrbar sind. Pionierarbeiten auf dem Gebiet der physischen und metaphysischen Ebene gehören zu diesem Potenzial. Ist unser Kausalkörper gesund und stark, haben wir den Zugang zu schöpferischen Ideen und neuen Erkenntnissen, erhalten Wahrheiten über uns und über das Universum. Ist der Kausalkörper aber

	Bezeichnung	Erster Körper - Ätherischer Körper	Zweiter Körper - Emotionaler Körper
Die sieben feinstofflichen Körper des Menschen	Farbe	Blau bis Grau	Alle Regenbogenfarben
	Form	Lichtnetz	Wolken
	Ausdehnung	0 – 1/5 cm	0 – 3/8 cm
	Zugeordnetes Chakra	Wurzelchakra	Sakralchakra
	Funktion	Überleben Automatische Körperfunktion	Gefühle und Emotionen
	Bedürfnis	Seinen Körper zu lieben und sich wohl zu fühlen	Sich selbst anzunehmen und zu lieben
	Ausdruck	Körperliche Empfindungen	Selbstwert
	Affirmation	Ich bin	Ich fühle

geschwächt, sind die goldenen Linien stumpf und trüb, und wir haben keinen Zugang zum Göttlichen Energiefeld und empfinden stark unsere Unvollkommenheit. Je schwächer dieser Körper ist, desto mehr fehlt es uns an Ideen und Verständnis für übergeordnete Zusammenhänge in unserem Leben.

Unser Grundbedürfnis auf der Kausalkörper-Ebene ist es, mit dem Göttlichen Wissen in Verbindung zu treten und die großen universalen Zusammenhänge zu verstehen.

Dritter Körper Mentaler Körper	Vierter Körper Astraler Körper	Fünfter Körper Ätherische Blaupause	Sechster Körper Himmlischer Körper	Siebenter Körper Kausaler Körper
Zitronengelb	Alle Regenbogenfarben, mit Rosa durchtränkt	Transparente Linien auf kobaltblauem Hintergrund	Irisierende Pastellfarben mit silbrigem Perlmuttglanz	Golden-silbrig
Lichtschleier	Flüssigkeiten	Oval	Lichtschein	Eiform
0 – 8 /20 cm	0 – 15 / 30 cm	0 – 60 / 75 cm	0 – 60 / 80 cm	0 – 75 / 110 cm
Solarplexus	Herzchakra	Kehlchakra	Stirnchakra	Scheitelchakra
Intellekt, lineares Denken, Ratio	Nächstenliebe Zwischenmenschliche Liebe	Kreativität, Verantwortung, Ausdruck	All-Liebe Spiritualität	Höheres Bewusstsein, Akasha-Chronik
Intellekt mit Intuition verbinden	In Liebe mit den Mitmenschen verbunden sein	Den Lebensplan erkennen	Spirituelle Erfahrungen machen	Mit dem Göttlichen in Verbindung treten
Verbindung zwischen mentaler und rationaler Welt	Beziehung zu anderen	Selbstausdruck	Übersinnliche Wahrnehmungen (Intuition, Hellsichtigkeit, Channelfähigkeit)	Heitere Gelassenheit; Angeschlossen-Sein; sich an frühere Leben erinnern
Ich denke	Ich liebe	Ich erschaffe	Ich erkenne	Ich bin eins mit Gott

Ziel feinstofflicher Energiearbeit

Ziel jeder feinstofflichen Energiearbeit und Heilung ist es nun, alle sieben Energiekörper zu reinigen, zu pflegen, aufzuladen und ins Gleichgewicht zu bringen. Nur dann können wir ein glückliches und erfülltes Leben führen – nur dann kann ein Heilungsprozess auf allen Ebenen stattfinden.

Es gibt noch mehr Energiekörper, der achte und neunte wurde von manchen Menschen bereits wahrgenommen. In den kommenden Jahren, einhergehend mit der spirituellen Entwicklung der Menschheit, werden wir mehr und mehr darüber erfahren und auch in diesen Auraschichten verstärkt arbeiten! Ja, es besteht bereits der Auftrag aus der Engelwelt, ein Buch über Engelsymbole und Lichtkörperprozess zu schreiben, das auf weitere Aura-Schichten eingehen wird!

In diesem Zusammenhang möchte ich nur ganz kurz auf die feinstoffliche DNS zu sprechen kommen. Jeder Mensch kommt ja mit zwölf DNS-Strän-

Die sieben feinstofflichen Körper des Menschen und ihre Krankheitsbilder

Bezeichnung	Erste Ebene Physischer & Ätherischer Körper	Zweite Ebene Emotionaler Körper
Bedürfnisse	Physische Bedürfnisse, wie Essen, Trinken, Sexualität	Selbstannahme und Selbstakzeptanz
Negative Erfüllung	Unbefriedigende physische Bedürfnisse	Belastende Emotionen wie Schock oder Trauma
Typisches Krankheitsbild	Alle Krankheiten und Schmerzen; Unfälle	Unfruchtbarkeit, Erkrankung der Sexualorgane

gen zur Welt, von denen nur zwei aktiviert sind. Könnten wir alle zwölf DNS-Stränge auf der feinstofflichen Ebene nutzen, wären wir hellsichtig, hellfühlig, hätten wir vollen Zugang zur Akasha-Chronik, könnten außerkörperliche Reisen machen etc. Unser Bewusstsein auf der spirituellen, emotionalen, physischen und mentalen Ebene wäre um ein Vielfaches erweitert. Viele Menschen bemühen sich bereits um die Aktivierung der restlichen zehn Stränge. Von meinem Engel Ekonja habe ich die Information erhalten, dass die Engelsymbole und Engelessenzen die feinstoffliche DNS aktivieren. Er durfte mir allerdings nicht mehr dazu sagen, da die meisten Menschen dafür noch nicht bereit seien.

Dritte Ebene Mentaler Körper	**Vierte Ebene** Astraler Körper	**Fünfte Ebene** Ätherische Blaupause	**Sechste Ebene** Himmlischer Körper	**Siebente Ebene** Kausaler Körper
Positive Lebenseinstellung	Austausch auf der zwischenmenschlichen Ebene	Eigene Wahrheit in Übereinstimmung mit dem Göttlichen Willen	Göttlicher Wille und eigene spirituelle Erfahrungen	Lebenssinn und Lebensplan erkennen und leben
Negative Gedanken, kreisende Gedanken	Beziehungskonflikte, Liebesdefizit	Kein Bezug zum eigenen Lebensplan	Kein Zugang zu Gott oder Spiritualität	Kein Zugang zum Göttlichen Wissen
Erkrankung der Verdauungsorgane; Ängste	Alle Arten von Herzerkrankungen; Verletzungen in intimen Liebesbeziehungen	Schilddrüsen-Fehlfunktionen, Hals- und Lungenerkrankungen, schwaches Immunsystem	Kopfschmerzen, Verwirrung, Desorientierung	Depression, Entwicklungsstörungen, Schizophrenie, Abheben, Nicht-Hier-Sein-Wollen; Karmische Probleme

Ausflug in die Welt der Chakren

*Chakren sind Energiewirbel, die wie Trichter,
Wirbel oder Blütenkelche aussehen.
Genau genommen bestehen sie aus verdichteter Energie,
die wiederum Energie anzieht, sie verändert und verwandelt.
Somit wirken sie wie ein Magnet, der –
je stärker er aufgeladen ist –
umso mehr Energie anzieht.*

Über Chakren wurde schon viel geschrieben, aber nicht alle Angaben stimmen überein. Vielleicht liegt das daran, dass Menschen, die Chakren sehen und wahrnehmen, sie eben mit ihren eigenen, individuell begrenzten Wahrnehmungsmöglichkeiten erfassen und wiedergeben. Auch Sie können als Therapeut die Chakren nur so gut wahrnehmen, wie es Ihnen als Fähigkeit mitgegeben wurde.

Können Sie die Chakren sehen? Fühlen? Tasten? Wissen Sie, was sie darstellen und wie sie funktionieren?

Für die Arbeit mit den Engelsymbolen sind das ganz elementare Fragen. Zwar ist es für die Arbeit mit den Symbolen und Essenzen nicht nötig, die Aura und Chakren zu sehen und zu fühlen, aber ZU WISSEN WOFÜR SIE SIND UND WAS SIE DARSTELLEN, ist unumgänglich. Nur so können Sie die Wirkungsweise der Symbole und Essenzen erfassen! Keine Angst – die Fähigkeit die Aura zu sehen und Chakren zu spüren usw. lässt sich erlernen. Das Zauberwort heißt: Üben.

Wenn Sie tiefer in die Themenbereiche Aura und Chakren einsteigen wollen, bietet beispielsweise das „Aura-Heilbuch" von Walter Lübeck sehr gute Übungen an (s. Literaturangaben). Der Autor führt Sie mit praktischen Übungen durch die Welt der Chakren. Ein weiterer Klassiker in der Chakren-Literatur ist „Das Chakra-Handbuch" von Shalila Sharamon und Bodo J. Baginski.

Und nun hinein in die Welt der Chakren:
Chakren sind die Energiezentren unserer feinstofflichen Körper und gleichzeitig Empfänger und Transformatoren kosmischer Energien. Sie haben unterschiedliche Formen, Farben, Funktionen und

Schwingungsfrequenzen. Jedes Chakra ist mit einem bestimmten Organ energetisch verbunden, wodurch eine direkte Verbindung zum Körper besteht. Untereinander sind die Chakren ebenfalls verwoben, ja – eines könnte ohne das andere nicht voll funktionieren. Das ist überaus wichtig: Wenn nur ein Chakra nicht harmonisch schwingt, hat dies Auswirkungen auf alle anderen Chakren. Und auf die damit verbundenen Organe.

Ist etwa ein Chakra geschwächt, weil es „verklebt" ist, kommt nur noch soviel Energie hinein, wie der Mensch gerade zum Überleben braucht. Die Körperorgane, die von diesem Chakra versorgt werden, werden dadurch unterversorgt. Bleibt diese Störung nun über einen längeren Zeitraum bestehen, wirkt sich das negativ in Form von Schwäche, geschwächtem Immunsystem und letztendlich in Form von Krankheit aus. In diesem Zusammenhang möchte ich darauf hinweisen, dass Menschen mit geschwächten Chakren manipulierbar sind und auch selbst manipulieren. (Hier finden sich etliche Energieräuber, die von der Energie anderer Menschen zehren!) Umgekehrt: Ein Mensch mit einem harmonischen Chakrensystem würde niemals andere für seine eigenen Interessen ausbeuten oder missbrauchen!

Die wichtigsten Funktionen der Chakren sind

- die Belebung jedes feinstofflichen Körpers und auch des physischen Körpers

- die Entwicklung seelisch-psychischer Eigenschaften (z.B. Herzchakra – Liebesfähigkeit) und

- die Energieübertragung zwischen den feinstofflichen Körpern

Die sieben Hauptchakren

Erstes Chakra – Wurzel-Chakra

Auch Basischakra genannt, sitzt es am Ende der Wirbelsäule, genauer gesagt am Ende des Steißbeins, und ist der Erde zugewandt. Es dreht sich gemächlich und nimmt nicht nur kosmische Energie, sondern im Speziellen auch Erdenergie auf und verbindet den Menschen damit. Ohne dieses Chakra könnte man in einem menschlichen Körper auf der Erde nicht existieren. Die klassische Farbzuordnung dieses Chakras im Emotionalkörper ist rot.

Ist das Chakra ausgeglichen, ist der Mensch geerdet, gesund, zentriert, voll Lebenskraft, lebensbejahend, vital, kraftvoll, sinnlich und zärtlich. Überenergien zeigen sich in Dominanz, Egoismus, Gier (auch nach Sex). Ist das Chakra schwach, besteht eine Unterenergie. Der Mensch ist unsicher, unschlüssig, neigt zu destruktivem Verhalten, hat wenig Interesse an Sexualität und kann im Extremfall selbstmordgefährdet sein.

Körperliche Zuordnung:
Blut, Wirbelsäule, Blase, Geschlechtsorgane, Sexualdrüsen
Störungen (körperliche Ebene):
Ischias, Rheuma, Gelenkserkrankungen, alle Erkrankungen ab den Hüften zu den Beinen, Energielosigkeit, geschwächte Nebennieren.

Einige der ENGEL-THERAPIE-SYMBOLE, die das Wurzel-Chakra stärken:

No. 12	Haziel	Chakren
No. 29	Raziel	Hämorrhoiden
No. 36	Rukiel	Gelenke
No. 42	Coruel	Energetische Abgrenzung
No. 46	Koniel	Blutdruck
No. 47	Rothael	Zähne

Zweites Chakra – Sakral-Chakra

Auch Sexual- oder Milzchakra genannt, ist es eigentlich ein Chakrenpaar und sitzt zwischen den Hüftknochen im Unterbauch. Es dreht sich schneller und leichter als das erste Chakra. Die klassische Farbzuordnung dieses Chakras im Emotionalkörper ist orange.

Das Chakra, das nach vorne geöffnet ist, steht in Zusammenhang mit der Qualität der Sexualenergie eines Menschen, das nach hinten geöffnete Chakra mit der Quantität der Sexualenergie. Beide zusammen unterstützen die Lebenskraft einer sexuellen Vereinigung.

Beim Orgasmus entlädt sich das Chakrenpaar, die dabei entstandene Energie revitalisiert und reinigt den Körper von „Energieverstopfungen" und Spannungen. Ganz wichtig ist die Verbindung des zweiten Chakras mit dem vierten Chakra, dem Herzchakra. Fehlt sie, kann dies zu Perversionen im Sexualleben führen.

Menschen, die ein ausgeglichenes zweites Chakra haben, sind selbstbewusst, humorvoll, umsichtig, freundlich, um andere liebevoll besorgt, kreativ und können ihre Wünsche und Gefühle gut erkennen (und ausdrücken). Überenergie zeigt sich im aufbrausenden, aggressiven, manipulativen, egoistischen, sexuell fordernden Verhalten. Unsicher, übersensibel, ärgerlich und unausgeglichen fühlt sich, wer zu wenig Energie im zweiten Chakra hat.

Körperliche Zuordnung:
Haut, Brustdrüsen,
Geschlechtsorgane, Nieren
Störungen (körperliche Ebene):
Geschlechtskrankheiten,
Frauenkrankheiten,
Impotenz, Frigidität,
Blasenkrankheiten,
mangelnde Vitalität.

Einige der ENGEL-THERAPIE-SYMBOLE, die das Sakral-Chakra stärken:

No. 12 | Haziel | Chakren
No. 15 | Rihael | Weibliche Sexualhormone
No. 16 | Rosael | Menstruation
No. 17 | Muriel | Schwangerschaft
No. 18 | Vaniel | Geburt
No. 30 | Sirael | Wechsel
No. 35 | Aliel | Abortus
No. 56 | Nirael | Sexualität

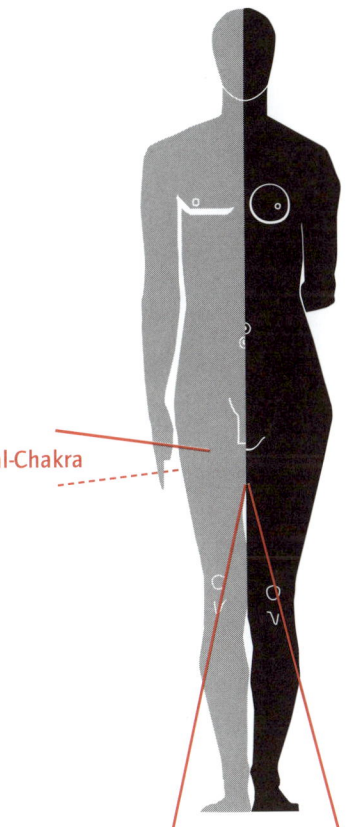

Drittes Chakra – Solarplexus-Chakra

Dieses befindet sich oberhalb des Nabels zwischen den auslaufenden Rippenbögen und dreht sich etwas schneller als die ersten beiden Chakren. Auch der Solarplexus besteht aus einem Chakrenpaar. Neben kosmischer Energie wird Sonnenenergie angezogen. Diese stellt neben der Zufuhr von Erdenergie eine weitere Verankerung des Menschen auf dem Planeten Erde dar. Die klassische Farbzuordnung dieses Chakras im Emotionalkörper ist gelb.

Das dritte Chakra ist stark mit der emotionalen Ebene des Menschen verbunden, gleichzeitig ist es der Speicherplatz von Emotionen und Ängsten aus früheren Leben. Diese Verhaltensmuster sind sehr tief verwurzelt und führen oftmals ein Eigenleben. Richtig frei lebt man erst, wenn man sie auflöst. Das Solarplexus-Chakra auf der Körpervorderseite steht in Zusammenhang mit tiefer innerer Freude und dem Gefühl der Einzigartigkeit unseres Seins, das Solarplexus-Chakra auf der Rückseite des Körpers mit dem Willen zur körperlichen Gesundheit und der Fähigkeit, spirituell zu heilen.

Wer im dritten Chakra ausgeglichen ist, selbstbewusst lebt, fröhlich und extrovertiert ist, kann sich und seine Fähigkeiten gut einschätzen. Er ist aufgeschlossen, interessiert, liebt Sport, kennt seine Kraft und Macht ohne sie zu missbrauchen und kann emotionale Wärme geben. Überenergie zeigt sich in einer (be)wertenden, verurteilenden, perfektionistischen, fordernden Haltung, im Hang zu Süchten und Abhängigkeiten. Das Gegenteil – Unterenergie – erzeugt in etwa die gleichen Verhaltensweisen wie etwaige Unterenergie im zweiten Chakra.

Körperliche Zuordnung:
Haut, Galle, Leber, Bauchspeicheldrüse, Magen, Dick- und Dünndarm, Galle, Nerven
Störungen (körperliche Ebene):
Erkrankungen der oben angeführten Organe, Krebs (gegen sich gerichtete Emotionen)

Einige der ENGEL-THERAPIE-SYMBOLE, die das Solarplexus-Chakra stärken:

No. 02	Nanael	Seelischer Notfall
No. 06	Ramiel	Süchte und Abhängigkeiten
No. 12	Haziel	Chakren
No. 22	Doriel	Ängste und depressive Verstimmungen
No. 32	Sorihael	Narkose
No. 34	Horael	Suchtkrankheit
No. 41	Somiel	Panikattacken
No. 48	Dariel	Diabetes
No. 49	Wismael	Enzyme
No. 58	Erael	Muskulatur

Drittes Chakra – Solarplexus-Chakra

Viertes Chakra – Herzchakra

Das vierte Chakra befindet sich in der Mitte des Brustkorbes, auf der Vorder- und Rückseite des Körpers, etwa in Höhe des physischen Herzens. Die klassische Farbzuordnung dieses Chakras im Emotionalkörper ist rosa-grün.

Das vordere Herzchakra schenkt uns die Liebesfähigkeit, das hintere befähigt uns, unseren eigenen Willen in Übereinstimmung mit dem Göttlichen Willen zu leben. Dieses Chakrenpaar hat eine zentrale Schlüsselfunktion. Es beeinflusst alle anderen Chakren und steht mit ihnen in Verbindung. Im Idealfall ist es weit offen und kennt keine Begrenzung.

„Verliebtsein" ist beispielsweise eine kurzfristige, oft überraschende Öffnung des Herzchakras. Diese überwältigenden Gefühle halten leider nicht ewig an, man kehrt in seine gewohnte Begrenzung zurück. Angst vor Zurückweisung, Blöße, Verletzung und falsch verstandenes Sicherheitsdenken sind Gründe, sein Herzchakra wieder zu verschließen.

Gefühlvoll, ausgeglichen und verständnisvoll ist, wer genug Energie im Herzchakra hat. Er ist auch hilfsbereit, freundlich und optimistisch. Wer hingegen zu viel Energie hat, kann launisch, melodramatisch, fordernd, verurteilend und manipulativ sein. Wer zu wenig Energie im Herzchakra hat, ist oft unentschlossen, unfrei, voller Selbstmitleid, hat panische Angst vor Ablehnung, fühlt sich unwürdig geliebt zu werden, kann Hilfe nicht annehmen und sucht sie auch nicht wirklich.

Körperliche Zuordnung:
Herz, Lunge, Immunsystem, Lymphdrüse, Thymusdrüse

Störungen (körperliche Ebene):
Anfälligkeit gegen Viren und Bakterien, chronische Infekte, Bronchitis, Asthma, Herzerkrankungen, Krebs, Allergien

Einige der ENGEL-THERAPIE-SYMBOLE, die das Herz-Chakra stärken:

No.	Name	Bereich
No. 04	Aniel	Erkältung-Entgiftung-Entschlackung
No. 07	Carmiel	Immunsystem
No. 10	Nithael	Allergien und Unverträglichkeiten
No. 11	Lunael	Viren und Bakterien
No. 12	Haziel	Chakren
No. 28	Cosiel	Entzündungen
No. 51	Lithael	Haut
No. 52	Buriel	Asthma
No. 55	Licael	Lymphe

Viertes Chakra – Herzchakra

Fünftes Chakra – Kehl-Chakra

Dieses Chakra besteht ebenfalls aus einem Chakrenpaar und befindet sich in etwa auf der Höhe des Kehlkopfes – daher wird es auch Kehlchakra genannt. Die klassische Farbzuordnung dieses Chakras im Emotionalkörper ist hellblau. Es ist stark von den vorhergenannten Chakren abhängig. Schwingt z.B. das dritte Chakra ausgeglichen, tut es auch das fünfte. Das vordere Kehlchakra steht für die Übernahme von Verantwortung für die eigenen Bedürfnisse. Das hintere hängt stark mit dem Selbstbewusstsein zusammen (im Nacken sitzt die Angst vor dem Versagen).

Das fünfte Chakra ermöglicht dem Menschen, sich über das Wort, die Bewegung und die Kunst auszudrücken, wobei es wie eine Sendestation fungiert: Es sendet Gefühle aus, empfängt aber auch nonverbale Botschaften. Je höher das Chakra schwingt, desto besser wird gefiltert und erkannt, was wirklich läuft. Ist das Chakra ausgeglichen, ist der Mensch im Regelfall künstlerisch begabt, ausdrucksstark, versiert im Umgang mit Massenkommunikationsmitteln, zufrieden und fantasievoll. Ein Zuviel zeigt sich oft im Reden ohne Unterlass, in Dogmatismus, Selbstgefälligkeit, in der Sucht nach Anerkennung und im Exhibitionismus. Wer zu wenig Energie hat, kann Gedanken nicht in Worte kleiden, ist umständlich, kleinlich, unzuverlässig, manipulativ und kann sich nicht fallen lassen.

Körperliche Zuordnung:
Kehlkopf, Hals, Schilddrüse, Ohren, Muskeln

Störungen (körperliche Ebene):
Dauerinfekte im Hals-, Nasen-, Ohrenbereich, Sprachblockaden wie z. B. Stottern

Einige der ENGEL-THERAPIE-SYMBOLE, die das Kehl-Chakra stärken:

No. 04	Aniel	Erkältung – Entgiftung – Entschlackung
No. 07	Carmiel	Immunsystem
No. 11	Lunael	Viren und Bakterien
No. 12	Haziel	Chakren
No. 24	Sorael	Fremdenergien
No. 25	Cithael	Karma
No. 39	Ramiel	Entspannung
No. 44	Korathel	Konzentration
No. 52	Buriel	Asthma

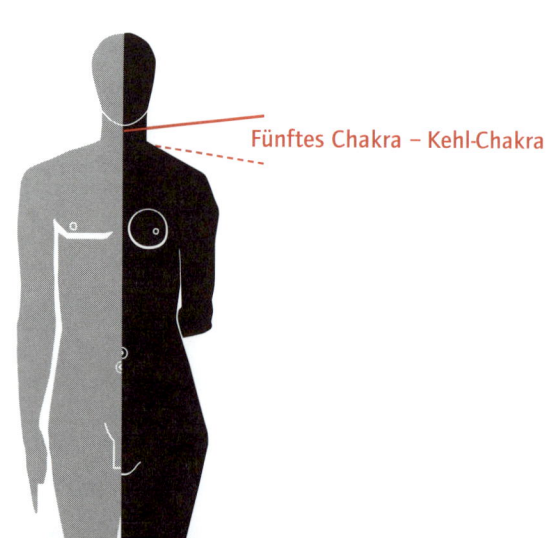

Fünftes Chakra – Kehl-Chakra

Sechstes Chakra – Stirn-Chakra

Dieses Chakra – auch Drittes Auge genannt – befindet sich etwa einen Daumen breit oberhalb der Augenbrauen und existiert wiederum als Chakrenpaar. Die klassische Farbzuordnung dieses Chakras im Emotionalkörper ist indigoblau.

Über das Dritte Auge kann man sich von der Zeit-Raum-Dimension befreien und Grenzen überschreiten. Wir erhalten Einblick in frühere Inkarnationen und stehen ganz mit unserer Intuition in Verbindung. Alle Fähigkeiten, die bereits im fünften Chakra ausgebildet sind, treten verstärkt und verfeinert im sechsten Chakra auf. Außersinnliche Wahrnehmungen, wie etwa das Sehen von Zukunftsvisionen, Aurasichtigkeit, Astralreisen etc. deuten auf ein erwachtes sechstes Chakra.

Als Schutzfunktion ist dieses Chakra meist versiegelt und darf nur unter großer Behutsamkeit geöffnet werden. Würde man es zu schnell und intensiv öffnen, könnte das große Störungen im Bewusstsein des Menschen hervorrufen. Anders ausgedrückt: Der Mensch würde verrückt werden. Das vordere Chakra steht im Zusammenhang mit der Fähigkeit zu visualisieren, kreativ zu denken und zu begreifen. Das hintere Chakra ist für die Umsetzung der Kreativität verantwortlich. Ist das vordere Chakra geöffnet und das hintere geschlossen, hat man zwar viele kreative Einfälle, kann sie aber nicht umsetzen.

Eine ausgeglichene Energie im fünften Chakra zeigt sich in der Fähigkeit der Telepathie, Aura- und Hellsichtigkeit. Der Mensch hat Einblick in frühere Leben, ist charismatisch und besitzt kosmisches Bewusstsein. Ein Zuviel an Energie macht den Menschen egoistisch, egozentrisch, stolz, dogmatisch, autoritär und manipulativ. Ein Fehlen an Energie macht ihn übersensibel, unsicher, undiszipliniert und verstärkt die Neigung zu Schizophrenie.

Körperliche Zuordnung:
Hypophyse, Gehirn, Augen, Ohren, Nase
Störungen (körperliche Ebene):
Kopfschmerzen, Migräne, Augenprobleme, Infektanfälligkeit im Ohren- und Nasenbereich

Einige der ENGEL-THERAPIE-SYMBOLE, die das Stirn-Chakra stärken:

No. 01	Lariel	Körperlicher Notfall
No. 04	Aniel	Erkältung, Entgiftung, Entschlackung
No. 05	Rahael	Kopfschmerzen und Migräne
No. 12	Haziel	Chakren
No. 27	Sariel	Knochen (starres Denken)
No. 31	Risael	Augen
No. 39	Ramiel	Entspannung
No. 44	Korathel	Konzentration
No. 53	Mariel	Wetterfühligkeit
No. 54	Thoriel	Ohren

Sechstes Chakra – Stirn-Chakra

Siebentes Chakra – Kronen-Chakra

Dieses Chakra wird auch Scheitelchakra genannt, befindet sich in der Mitte der Schädeldecke und öffnet sich nach oben. Es ist das Chakra, das den menschlichen Körper mit seiner Spiritualität verbindet. Die klassische Farbzuordnung dieses Chakras im Emotionalkörper ist weiß.

Ist es geöffnet und aktiviert, erscheint es als farbig strahlende Krone aus weißem, fast transparentem Licht. Engel und Heilige (oder Herrscher) wurden früher mit einem Heiligenschein abgebildet, der das geöffnete Kronenchakra symbolisiert.

Wenige Menschen haben ein geöffnetes Scheitelchakra. Meist ist es nur soweit geöffnet, dass gerade eine minimale Energieaufnahme erfolgen kann. Würde ein Mensch nur über das siebente Chakra leben und alle anderen Chakren, besonders das erste und das zweite wären geschlossen, würde er sofort seinen Körper verlassen. Das siebente Chakra zu öffnen ist ein spiritueller Erfahrungsprozess, dem eine schrittweise spirituelle Entwicklung vorausgehen muss. Nur durch Aktivierung der anderen Chakren kann das Kronenchakra schonend aktiviert werden.

Körperliche Zuordnung:
Kopf, Gehirn, Hypophyse, Nervensystem
Störungen (körperliche Ebene):
Kopfschmerzen, Migräne

Einige der ENGEL-THERAPIE-SYMBOLE, die das Kronen-Chakra stärken:

No.	Name	Bedeutung
No. 01	Lariel	Körperlicher Notfall
No. 20	Rahael	Neugeborene (haben oft Schwierigkeiten beim Eintritt in unsere Dimension)
No. 24	Sorael	Fremdenergien
No. 26	Norael	Baby und Kleinkind-Notfälle
No. 37	Sonael	Strahlungsschutz
No. 39	Raniel	Entspannung
No. 59	Ismael	Sterbebegleitung

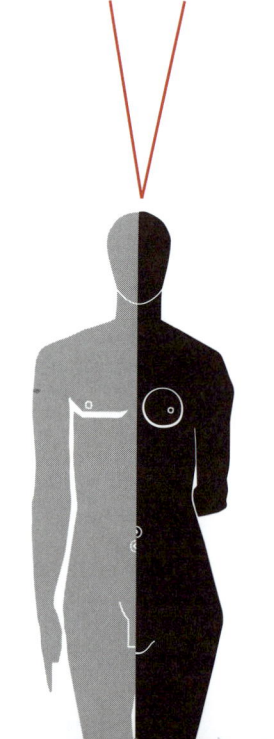

Siebentes Chakra – Kronen-Chakra

Die wichtigsten Nebenchakren

Neben den sieben Hauptchakren gibt es noch zahlreiche Nebenchakren. Folgende werden für die Arbeit mit den Engelsymbolen am häufigsten verwendet:

Bezeichnung und Sitz des Chakras	Funktion
Transpersonaler Punkt – oberhalb des Kronenchakras	Verbindung des Menschen mit der Liebe und der Kraft der Schöpfung
Erdchakra – unterhalb der Füße	Energieaufnahme des Menschen aus der Mutter Erde
Rechter Ellbogen	Verbindung zwischen kosmischen und eigenen Energien
Linker Ellbogen	Verbindung zwischen All-Liebe und eigenen Energien
Rechtes Knie	Aufnehmen der Erdenergie, Standhaftigkeit
Linkes Knie	Harmonie, inneres Gleichgewicht
Rechte Schulter	Sitz von energetischen Belastungen von Mitmenschen; Ausstoßchakra
Linke Schulter	Sitz energetischer Belastungen von Verstorbenen; Ausstoßchakra; Karmapunkt
Rechte Hüfte	Fortschreiten auf dem irdischen Pfad
Linke Hüfte	Fortschreiten auf dem geistigen Pfad
Grundchakren – linker und rechter Fußrist	Verbindung mit dem Physischen; Erdung
Thymusdrüse – zwischen Herz- und Kehlchakra	Stärkt Immunsystem; Schutzchakra
Kausalkörperchakra – an der Schädelbasis	Zentrum der Manifestation
Harachakra – zwischen Wurzel- und Sexualchakra	Sexuelle Blockaden; Karmaerlösung in Bezug auf Sexualität
Zwerchfellchakra – zwischen Solarplexus und Herz	Reinigung auf der emotionalen Ebene

Wie Engelsymbole feinstoffliche Körper und Chakren heilen

Ein Engelsymbol arbeitet wie ein Laserstrahl und dringt schichtweise in die Aura ein. Stagnierende Energien werden abgelöst, feinstoffliche Schlacken entfernt. So kann die Aura partiell oder insgesamt gereinigt werden.

Darüber hinaus leisten die Engelsymbole eine enorme Transformationsarbeit – sie laden die Aura auf, indem sie vorhandene Defizite suchen und sie mit ihrer wohltuenden, heilsamen Energie auffüllen. Essenzen haben übrigens die gleiche Wirkung wie Symbole. Die Karten aus meinem ersten Buch „Heilende Engelsymbole" wirken ebenso! Das heißt, es ändert sich nur das Träger-Medium. Die Wirkung bleibt dieselbe!

Weiter werden
- die feinstofflichen Körper ins Gleichgewicht gebracht
- die feinstofflichen Körper und Chakren klarer und durchlässiger
- die einzelnen Auraschichten (feinstofflichen Körper) aktiviert
- die einzelnen Hüllen (Netze) der feinstofflichen Körper gestärkt
- Schocks und Traumata aus der Aura gelöst
- alle Heilungsprozesse auf der Aura-Ebene unterstützt

Engelsymbole arbeiten auf jeder Ebene.

Die Neuordnung der Aura-Struktur im Kausalkörper etwa erfolgt durch Reinigung und Neuordnung der Rasterstruktur der Organe, Muskeln, Nerven oder anderer Körperteile. Eine zerrissene Aura wird mit Hilfe der Engelsymbole geglättet, gestärkt. Die Außenschicht der Aura kann auf das Idealmaß gebracht werden. Deformationen und Beulen in der Außenschicht werden korrigiert, Löcher und Risse aufgefüllt ...

Engel sind einfach sagenhaft kompetent!

Engelsymbole wirken auch heilend auf den Hauptkraftstrom in der Wirbelsäule. Nachdem die Chakren aktiviert wurden, indem man die passenden Symbole auf den Transpersonalen Punkt und den Erdchakra-Punkt oder die Chakren direkt auflegt, kann auch der Hauptkraftstrom in der Wirbelsäule gereinigt und dort festsitzende Blockierungen gelöst werden.

Der Selbstheilungsprozess eines Chakras kann bis zu 14 Tagen dauern.

Je feinstofflicher, desto gründlicher

Nun, da Sie über die Welt der feinstofflichen Körper einiges wissen, werden Sie sich fragen: Wann arbeite ich in welchem feinstofflichen Körper, sprich: in welcher Aura-Schicht?

Die gute Nachricht zuerst: SIE MÜSSEN NIE WISSEN, in welchem feinstofflichen Körper das zu behandelnde Problem angesiedelt ist, wenn Sie Engelsymbole und Engelessenzen verwenden. Ist das nicht fantastisch? Sie wirken IMMER in jenem Körper oder sogar in jenen Körpern, wo ihre Energie gerade benötigt wird. Kleiner Tipp daher am Rande: Lassen Sie die Engel also ruhig mitarbeiten, oder anders gesagt: Steigern Sie parallel zu Ihrem Wissen doch bitte auch Ihr Vertrauen!!!

Nun möchte ich Ihnen noch einmal klar vor Augen führen, warum manche Therapien oder Heilansätze nur begrenzt oder gar keine Wirkung zeigen können: Ein Knochenbruch, der durch einen Unfall auf der physischen Ebene entstanden ist, kann auf dieser Ebene durch Operation wieder geheilt werden (die Schulmedizin setzt im physischen Körper bzw. im Ersten Körper / Ätherkörper an).

Hängt der Knochenbruch mit einer negativen Lebenseinstellung oder negativen Erwartungshaltungen zusammen (Negative Gedanken = Dritter Körper / Mentalkörper), ist der Knochen zwar zusammengeflickt durch die Heilung im Ätherkörper (Schulmedizin), an der Grundeinstellung hat sich aber nichts geändert. Oder anders gesagt: Die Mentalkörper-Ebene, in der die Ursache für den Knochenbruch sitzt, wurde nicht mitbehandelt und nicht geheilt. Die Gefahr einer neuerlichen Verletzung ist dadurch immer noch gegeben.

Wenn nun unser Knochenbruch geheilt ist (Operation), die negativen Gedankenmuster aufgearbeitet sind (Gesprächstherapie), die Schmerzen aber immer noch nicht abklingen oder es zu einem neuerlichen Unfall kommt, dann ist das Problem feinstofflich noch höher angesiedelt, etwa auf der karmischen Ebene (Siebenter Körper / Kausalkörper). Erst wenn das Karma zum Thema „Knochenbruch" aufgearbeitet ist, kann es in unserem Beispiel zu einer dauerhaften Heilung kommen.

Sie sehen also: Je feinstofflich höher der Heilungsansatz, desto erfolgreicher die Heilungsaussichten. Dies gilt vor allem für Menschen, die „schon alles probiert haben und nichts hat geholfen..." Möglicherweise war der Heilungsansatz auf einer zu niedrigen, feinstofflichen Ebene angesiedelt.
In diesem Zusammenhang erkennen Sie auch, dass die Engelsymbole eine *sinnvolle Ergänzung zur schulmedizinischen Arbeit (erste Ebene)* sind. Ein Herzinfarkt kann beispielsweise nur im ersten Kör-

per (Ätherkörper) durch Operation „behoben" werden, doch die Ursachen in den anderen Ebenen müssen ebenfalls behandelt werden, und zwar durch feinstofflichere Operationen!

Die Engelsymbole erreichen grundsätzlich immer alle sieben feinstofflichen Körper des Menschen. Bis sie jedoch durch alle Körper durch sind, kann das manchmal ein wenig dauern. Deshalb ist es in einigen Fällen sinnvoll, die Heilung in den unteren feinstofflichen Körpern, die der Körperebene am nächsten kommen, gleichzeitig verstärkt anzuregen. So wird sich der Heilungsvorgang beschleunigen, wenn zum Beispiel etwa einer Erkältung mit den Engelsymbolen No. 04 | Aniel | Erkältung-Entgiftung-Entschlackung, kombiniert mit Tee und Schüssler Salzen zu Leibe gerückt wird.

Manche Menschen, die noch sehr in den irdischen Dingen des Lebens verstrickt sind, deren höhere feinstoffliche Körper und Chakren noch zum großen Teil verschlossen sind, reagieren oft langsamer und nicht so offensichtlich auf die Wirkung der Engelessenzen und Engelsymbole. Für diese Menschen ist es in vielen Fällen ratsamer, mit Blütenessenzen zu arbeiten, die eher in den unteren feinstofflichen Körpern Wirkung zeigen, als die Engelessenzen. Blütenessenzen sind meist „erdiger" als Engelessenzen, obwohl es unter den Blüten- und Edelsteinessenzen auch große Unterschiede gibt.

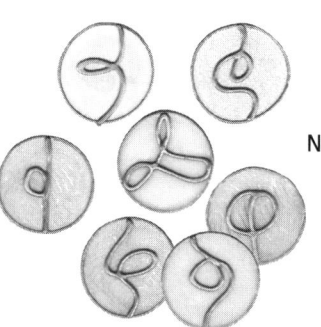

No. 04 | Aniel | Erkältung-Entgiftung-Entschlackung

Erleichterung für Helfer

Abhilfe gegen Ausgepowert-Sein

Sehr schön und einleuchtend beschreibt Dr. med. Dietrich Klinghardt in seinem Lehrbuch der Psycho-Kinesiologie: „Wenn der Therapeut eine Behandlungsmethode wählt, die *unterhalb* der Ebene liegt, auf der die Krankheit entstanden ist, wird der Patient niemals gesund, was leider häufig bei rein schulmedizinischer Behandlung geschieht (= Heilung der Symptome, aber nicht der Ursachen). Wählt der Therapeut eine Methode, die *über* der Krankheitsebene liegt, verbraucht er möglicherweise zu viel Eigenenergie. Je höher die therapeutische Ebene, desto besser für den Patienten, aber desto ‚gefährlicher' für den Therapeuten!" Da kommen wir wieder zum „Ausgepowert-Sein"! – Erinnern Sie sich?

Das Schöne an Engelsymbolen ist: Sie helfen umfassend und *immer*. Denn sie wirken wie Energiebatterien, die von der Engelwelt einfach nachgeladen werden. Wenn Sie anderen helfen wollen, brauchen Sie sich gar nicht als Kanal zur Verfügung zu stellen und können Ihre Kräfte anderswo einsetzen.

Noch ein paar Worte zum Thema Schutz ...

Engelsymbole stärken das natürlich vorhandene energetische Schutzschild der Aura und schützen es gegen

- Kosmische Strahlen – extraterrestrische Strahlungen
- Technische Strahlungen
- Negative Gedankenformen / Negative Elementale
- Besetzungen – Fremdenergien

Gerade Menschen, die viel mit anderen Menschen zu tun haben, stehen täglich im Kontakt mit Fremdenergien und negativen Elementalen.

Manchmal erfährt selbst ein Therapeut – ich möchte an dieser Stelle das Wort *Lichtarbeiter* verwenden – derart enorme Behinderungen in seiner Arbeit, dass Behandlungen erfolglos werden! Oder es gibt auf der emotionalen Ebene Menschen, die nehmen, nehmen, nehmen. Oder ihre Lasten hinterlassen. Der Hilfesuchende weiß es oft nicht besser. Also liegt es an Ihnen, sich dagegen zu schützen.

Zur Unterstützung Ihres energetischen Schutzschildes sollten Sie regelmäßig folgende Meditation absolvieren – bis Sie deren Inhalt intus haben und automatisch abrufen können! >>

Meditation

Schaffe dir einen Raum der Geborgenheit.

Schließe die Tür (die innere und die äußere). Gehe nicht ans Telefon oder schalte den Anrufbeantworter ein. Zünde eine Kerze an, und – wenn du willst und es dir gut tut – lasse dich von sanfter Musik berieseln.

Nimm das diesem Buch beigefügte Therapie-Set „Energetische Abgrenzung" zur Hand. Versenke dich einen Augenblick in die Symbole. Lege deine Hand darauf und versuche, die Energie zu spüren.

Wenn du die Engel-Aura-Essenz „Energetische Abgrenzung" zur Hand hast, sprühe sie zwei- bis dreimal in deine Aura und atme tief durch.

Schau dir die Abgrenzungssymbole noch einmal genau an und lege sie (in deiner Vorstellung) auf die Körperstelle, die dir als richtig erscheint.

Schließe deine Augen. Atme sanft. Gehe ins Vertrauen.
Lass dich tiefer und tiefer gleiten, sei dabei völlig entspannt.

Langsam bildet sich um dich ein rot-goldener Schutzwall.
Er ist zart, aber fest, unsichtbar, aber wirkungsvoll.

Ganz deutlich erkennst du nun, dass dieser rot-goldene Schutzwall aus lauter einzelnen Engeln besteht, die eng aneinander gereiht sind.

Sie lassen nichts Negatives zu dir durch, sondern transformieren Belastendes in positive Energien. Sie lassen nicht zu, dass du geschwächt wirst.

Der Engel-Schutzwall bewahrt dich vor den energetischen Belastungen deiner Mitmenschen, ihren Ängsten und Sorgen, vor negativen Gedanken wie Neid oder Hass,

vor den Lasten und Emotionen, die deine Klienten im Behandlungsraum zurücklassen.

Du bist vollkommen geschützt und geborgen.

Brauchst du einmal besonders viel Kraft für einen Klienten, dann hülle dich doppelt und dreifach mit der rot-goldenen Energie dieser Engel-Symbole ein.

Du wirst augenblicklich spüren, wie alles leichter wird.

Mit einem sanften Lächeln ermuntern dich die Engel, deine Arbeit weiterzuführen. Sie sind ständig an deiner Seite.

Nun bedanke dich bei den Engeln, die dich in deiner Therapie-Arbeit schützen.

Vielleicht möchtest du diese kleine Meditation regelmäßig vor deiner Arbeit mit anderen Menschen tun.

Kehre nun ganz langsam hierher in dieses Haus zurück, in diesen Raum, auf deinen Platz, ins Tagesbewusstsein. ...

TEIL III **Und jetzt in die Praxis**

Welche Testmethoden stehen Ihnen zur Verfügung?

Natürlich sollte man beim feinstofflichen Heilen auf seine Intuition, auf seine innere Stimme, ja auf die Stimme von oben hören. Die zu hören (und dann auch ihren Anweisungen zu folgen) ist ein Teil des Lichtkörperprozesses. Aber spricht etwas dagegen, gleichzeitig exakt und rational zu arbeiten? Hilfsmittel wie Pendel, Biotensor, kinesiologischer Muskeltest und Checklisten stellen nämlich eine enorme Hilfe dar. Das Arbeiten wird viel leichter, vor allem wenn es darum geht, Hintergründe und Ursachen von Problemen herauszufiltern oder aus der Vielzahl von Hilfestellungen die geeignetste herauszufinden.

Das Allerwichtigste hierbei zuerst: Um die richtige Antwort zu bekommen, muss ich mir selbst oder dem Klienten die richtige Frage stellen. Und ich muss die richtige Frage *richtig* formulieren! Das ist so wichtig für die ganze weitere Arbeit, dass der halbe Behandlungserfolg davon abhängt. Mindestens!

Arbeiten mit Pendel und Muskeltest

Das Pendel ist wohl das bekannteste Hilfsmittel, wenn es um Austestungen geht. Es gibt verschiedene Ausführungen: Metallpendel, Kristallpendel, Pendel aus Holz, sogar ein Ring an ein Kettchen gehängt, erfüllt seine Aufgabe. Wichtig zu wissen ist, dass es „jemanden" gibt, der Ihr Pendel führt. Sie klinken sich sozusagen in ein Energiefeld ein, das Auskunft gibt. Daher sollten Sie gut aufpassen, wer es ist, der Ihr Pendel führt. Wenn Sie sich an einen exakten Ablauf gewöhnen, kann nichts schief gehen und Sie werden richtige Antworten erhalten.

1. Pendel reinigen: Ein Pendel sollte vor jeder Verwendung, mindestens jedoch einmal pro Woche, energetisch gereinigt werden. Dafür eignet sich die Engel-Aura-Essenz „Energetische Reinigung". Ein paar Tropfen auf ein Tuch gesprüht und das Pendel damit abreiben – fertig.

2. Was bedeutet was? Stellen Sie fest, was bei Ihrem Pendel ein JA bedeutet, was ein NEIN und was ein „JEIN". Wundern Sie sich bitte nicht – das Pendel schlägt bei jedem Menschen unterschiedlich aus. So ist zum Beispiel bei mir ein JA eine kreisrunde Rechtsdrehung, bei einer Freundin ein gerades Auf und Ab. Finden Sie Ihre Antworten und halten Sie diese schriftlich fest.

„JEIN" bedeutet meist, dass die Frage zu ungenau ist und exakter formuliert oder eingegrenzt werden muss (mehr darüber im Abschnitt „Exakte Fragestellung"). Es kann aber auch sein, dass man nicht in seiner Mitte ist und in diesem Fall das Pendeln bleiben lassen sollte. Antwortet das Pendel mit „Unerlaubte Fragestellung" ist zu akzeptieren, dass man keine Antwort bekommt. Es kann sein, dass man die Antwort nicht wissen darf, weil man sonst einen Lernschritt oder eine Erfahrung überspringen würde oder dass man keine Antwort bekommt, weil man sonst in die Intimsphäre eines anderen eindringen würde. Zeigt das Pendel innerhalb einer Fragestellung einmal JA und einmal NEIN oder „JEIN" an, ist es besser abzubrechen. Oft machen Müdigkeit, Nicht-Geerdet-Sein oder zu starke Emotionen das Pendeln unmöglich.

3. Bin ich geschützt? Sobald man über das Pendel mit der geistigen Welt in Kontakt tritt, sollte man sich vergewissern, ob man auch mit der positiven, geistigen Welt pendelt. Deshalb ist es wichtig, vor dem Pendeln seinen Sonnenengel (Höheres Selbst), seine Schutzengel oder den Erzengel Michael zu rufen und um Schutz zu bitten und nochmals explizit zu fragen: Wer führt mein Pendel? Ist es einer meiner Schutzengel? Ist es mein Sonnenengel? Ist es ein Erzengel? Sollte die Antwort NEIN sein, kann man noch fragen: Bin ich mit einer positiven Energie verbunden? Kommt wieder ein NEIN, legen Sie das Pendel weg. Am besten reinigen Sie dann auch Ihre Aura.

Alles mit Maß und Ziel. – Fragen aus Neugierde zu stellen wie z. B. „Hat der Mann meiner Schwester eine Freundin?" sollten Sie bleiben lassen. Sehr wahrscheinlich erhalten Sie keine, widersprüchliche oder falsche Aussagen. Auf alle Fälle verletzen Sie aber mit dieser Frage die Privatsphäre Ihrer Schwester. Selbst wenn Ihre Schwester die Frage an Sie richtet, kann es sein, dass das Pendel schweigt. Und das ist gut so, denn dafür ist es eigentlich nicht bestimmt. Pendeln Sie auch nicht stundenlang – es würde Ihnen energetisch auf alle Fälle schaden. Selbst wenn Sie richtig und exakt arbeiten, werden Sie nach einiger Zeit merken, dass Pendeln anstrengend werden kann. Vor allem Ungeübte klagen oft über Müdigkeit und Kopfschmerzen.

Dann gibt es noch Menschen, die sogar mit dem Pendel in den Supermarkt gehen und dort die ideale Sorte Mehl austesten. Das gibt es tatsächlich! Sie haben völlig verlernt, auf ihre Gefühle zu achten oder spontan Entscheidungen zu treffen. Machen Sie sich bitte nicht abhängig, weder von Ihrem Pendel noch von irgendeinem Meister! Dies gilt natürlich auch für die Arbeit mit dem Muskeltest.

Der kinesiologische Muskeltest beruht auf folgendem Prinzip: Denke ich an etwas Positives, Erfreuliches, Stärkendes, ist jeder Muskel im Körper stark. Denke ich an etwas Unerfreuliches, Belastendes, ist jeder Muskel schwach. Positive Emotionen stärken den Körper, negative schwächen ihn. Der Muskeltest funktioniert, da der Körper im Bruchteil von Sekunden auf Emotionen reagiert und willentlich nicht beeinflusst werden kann (wie Erröten nicht willentlich beeinflusst werden kann). Wer den kinesiologischen Muskeltest gründlich erlernen will, sollte einen Kurs besuchen. Und üben, üben, üben.

Manche Menschen testen gar nie und behaupten Stein und Bein, ihre Intuition sei 1000-prozentig richtig. Ich würde da sehr vorsichtig sein. Nur zu oft werden eigene Gedanken, Gefühle oder Erfahrungen mit Intuition vermischt. Tiefgreifender, exakter und vor allem neutraler erweist sich in jedem Fall das Austesten mit Hilfe der bereits erwähnten Hilfsmittel.

Hierbei noch ein paar Tricks zur richtigen Fragestellung:

Das Wörtchen SOLL

„SOLL ich das Engelsymbol Cithael verwenden?" lautet die Frage. Doch darauf werden Sie nie eine exakte Antwort bekommen. Was soll SOLL schon bedeuten? Fragen Sie lieber: „Ist es sinnvoll und zielführend, das Engelsymbol Cithael für dieses Problem zu verwenden?" oder „Ist es zumindest zu 90 % sinnvoll und zielführend?"

Erweiterte Fragestellung

Bekommen Sie auf Ihre Frage einmal ein JA und einmal ein NEIN oder gar ein JEIN, kann das bedeuten, dass Sie die Fragestellung erweitern sollen. Zum Beispiel: „Gibt es ein oder mehrere Symbole, die noch wichtiger sind als Cithael?" Auf die Antwort JA fragen Sie weiter: „Wie viele Symbole sind noch wichtiger als Cithael?" und weiter: „Finde ich sie alle in einem Therapie-Set?" bzw. „Aus wie vielen Sets muss ich wie viele Symbole auswählen?" Nennen Sie Zahlen.

Wer rationell und effizient testen möchte, fragt mathematisch. „Wo finde ich die entsprechenden Symbole? In den Sets 1 – 5? 6 – 10? 11 – 15?" usw. So finden Sie schnell das entsprechende Set und brauchen nur mehr die jeweiligen Symbole herauszutesten. Noch effizienter arbeiten Sie mit Pendeltafeln oder Testlisten, die Sie selbst zusammenstellen können bzw. hier in diesem Buch finden.

Was tun mit unlogischen Antworten?

Manchmal tauchen Symbolzuordnungen auf, die auf den ersten Blick sehr unlogisch erscheinen. Z. B. das Symbol No. 16 ROSAEL | Menstruation – bei einem Mann. Da kann einen schon der leise Zweifel beschleichen und man stellt sich die Frage: Habe ich etwa falsch getestet? Nicht unbedingt. Es geht eben nicht nur um die Zuordnung auf der körperlichen, sondern auch auf der seelischen Ebene. Vielleicht kann unser Klient seine weiblichen Anteile nicht annehmen? Vielleicht hat er als Mann Angst vor „zu weiblichen Gefühlen"? Oder eine unterdrückte Aggressivität gegen die Mutter? Oder überhaupt eine „Urangst" vor stark dominierenden Frauen? Das Symbol kann auch darauf hindeuten, dass eine Blockade, Über- oder Unterenergie im Wurzel- und/oder Sexualchakra besteht. Es liegt an Ihnen, die richtige Interpretation auszutesten – wenn es erlaubt ist und wenn es Sinn macht. Auf jeden Fall sehen Sie über das Austesten der Symbole auf einen Blick, in welchen Bereichen Unausgewogenheiten bestehen.

Nachdem Sie nun gewappnet sind und auch die Möglichkeit haben, Antworten auf wichtige Fragen zu bekommen (Sie werden gleich sehen, warum!), wenden wir uns dem Erstgespräch zu.

Das Erstgespräch

Engel-Therapie-Symbole sind für jedermann geschaffen. Sollten Sie jedoch therapeutisch arbeiten, ist das Kapitel „Erstgespräch" von besonderer Wichtigkeit für Sie!

Das Erstgespräch ist das wichtigste Gespräch mit Ihrem Klienten überhaupt und hat drei große Ziele:

- Ermittlung der Ursachen des Problems Ihres Klienten
- Abchecken, ob Sie beide überhaupt zusammen arbeiten sollten und
- die Therapiemöglichkeiten selbst.

Gehen wir gleich in medias res: Ich habe hier Herrn Egon Müller erfunden (Namensgleiche mögen mir verzeihen). Er wird Sie nun durch einige Checklisten begleiten ...

Also: Herr Müller kommt zu Ihnen und leidet schon seit längerer Zeit an fürchterlichen Kopfschmerzen. „... der Arzt kann nichts finden!" Woher kommen aber die Probleme? Kopfschmerzen können viele Ursachen haben: Wetterfühligkeit, Stress, Ärger, Veranlagung, falsche Ernährung, Wirbelverschiebung, Verspannung, Allergien, Schock, Sturheit, übergangene Grippe uvm. In den seltensten Fällen handelt es sich um eine Entzündung im Gehirn und Schlimmeres! (Bei Ihrem Fall ist dies sogar explizit ausgeschlossen, denn wie gesagt: „... der Arzt kann nichts finden!")

Als ganzheitlich ausgerichteter Therapeut oder Laie wissen Sie, dass körperliche Probleme immer Ursachen im seelischen, mentalen, energetischen, feinstofflichen oder karmischen Bereich haben. Das heißt, bevor sich eine Krankheit im grobstofflichen Körper zeigt, besteht immer ein Ungleichgewicht im feinstofflichen Körper. Aurasichtige sehen dies als energetische Lecks, dunkle Flecken, richtige Löcher. Wird die Aura nicht gereinigt und energetisiert, setzt sich das Problem eines Tages auf der Symptomebene des Körpers fort. Die Kopfschmerzen des Herrn Müller liegen, da der Arzt – Gott sei Dank – nichts gefunden hat, noch im feinstofflichen Bereich. Symptome kündigen sich auf der körperlichen Ebene (durch Schmerzen) aber schon vehement an. Es gehört also etwas unternommen!

Erster Schritt: Das Auffinden der Ursachen

Das Arbeiten im feinstofflichen Bereich ist anders als bei einem Chirurgen, der am Röntgenbild klar sieht, wo z. B. ein Tumor sitzt. Feinstoffliche Heiler merken bald, dass die Ursachen für scheinbar gleiche körperliche Symptome – in unserem Beispiel Kopfschmerzen – von Klient zu Klient vollkommen verschieden sind. Wichtig ist es daher bei Erstgesprächen zu eruieren, welche Problematiken vorliegen und auf welchen Ebenen das Problem angesiedelt ist.

Die Ursachen für die Kopfschmerzen unseres Herrn Müller könnten sich zum Beispiel folgendermaßen zusammensetzen: 60 % körperliche Ebene (ein verschobener Wirbel), 30 % mentale Ebene (ein berufliches Problem, das ihm den Schlaf raubt), 10 % energetische Ebene (Belastungen durch Computerarbeit).

Bei einem anderen Kopfschmerz-Klienten wiederum kann das Testergebnis ganz anders aussehen: 80 % biochemische Ebene (schwere Weizenallergie), 10 % körperliche Ebene (z. B. arge Verspannungen im Schulter- und Nackenbereich), 10 % geistige Ebene (falsches Denkmuster).

Stichwort Allergien: In vielen Fällen können Nahrungsmittelallergien zu argen Kopfschmerzen führen. Erkennen Sie, wie wichtig und vor allem zielführend es ist, sich die jeweiligen Hintergründe für körperliche Probleme genau anzusehen? Darauf will ich hinaus: Auch wenn Sie kein Arzt sind und keine Diagnose erstellen dürfen, sollten Sie die Gesamtpersönlichkeit erfassen und einen optimalen Therapieansatz erarbeiten.

Im Folgenden sehen Sie eine Checkliste der Art, wie ich sie verwende. Wenn Sie diese durchlesen, finden Sie beispielsweise, dass die Kopfschmerzen unseres Herrn Müller hauptsächlich auf der energetischen Ebene zu finden sind – Herr Müller leidet an Verspannungen, da er den ganzen Tag am Computer sitzt. Verschärfend kommt hinzu, dass ihm auch ein ausgesprochen feindseliger Chef im

Nacken sitzt. Zu Hause findet er leider auch nicht die gewohnte Entspannung. Herrn Müllers Methoden, sich zu besänftigen (erhöhter Alkoholkonsum, Fernsehen) führen nicht zum Ziel. Erschwerend kommt hinzu, dass eine akute Medikamentenunverträglichkeit auf die Kopfschmerzmittel vorliegt.

Kein Wunder, dass hier die Schulmedizin nichts finden kann! Wenn Sie also genauer testen wollen, gehen Sie explizit und Punkt für Punkt die nachfolgende Tabelle durch und testen Sie aus, was auf Ihren Klienten zutrifft.

Eine Blanko-Checkliste finden Sie im Anhang dieses Buches. Dennoch möchte ich Ihnen einen Tipp geben: Verwenden Sie diese Checkliste nicht 1:1 – erweitern, kürzen oder verändern Sie diese nach Ihren Anforderungen!

Checkliste 1
Engel-Heilungsarbeit / Erstgespräch

Name: EGON MÜLLER
Geburtsdatum: 20.7.1965

Problem/Thematik/Lernschritt: Schlafprobleme, Kopfschmerzen

Innere Bereitschaft zur Veränderung: ca. 85 %

Zusammenhang zwischen körperlichen Symptomen und seelischen Ursachen bewusst: ○ JA
○ NEIN

Körperliche Ebene	5	%
Seelisch-mentale Ebene	30	%
Energetische Ebene	65	%
Spirituelle Ebene		%
Karmische Ebene		%
Sonstige Ebene		%
Summe	100	%

>>

Durchleuchtung des Problems im Detail:

- ~~01~~. Allergien: Milch, Weizen
- 02. Nahrungsunverträglichkeit
- ~~03~~. Mineralstoffe (Mangel / Überschuss / Unverträglichkeit), Calcium
- 04. Vitamine (Mangel / Überschuss / Unverträglichkeit)
- 05. Enzyme
- 06. Hormone
- 07. Parasiten
- 08. Pilze
- ~~09~~. Schadstoffe Umwelt
- 10. Amalgam
- 11. Sonstige Zahnprobleme
- 12. Viren
- 13. Bakterien
- 14. Infekt
- 15. Impfschaden
- 16. Narkoseschaden
- ~~17~~. Medikamentenunverträglichkeit (Kopfschmerzmittel, Antibiotikum)
- 18. Entzündung
- ~~19~~. Übersäuerung
- 20. Vergiftung
- ~~21~~. Ernährungsfehler
- 22. Sonstige biochemische Ursachen
- ~~23~~. Verspannungen
- 24. Wirbelverschiebungen
- 25. Geschwächtes Immunsystem
- 26. Arztbesuch unbedingt erforderlich
- 27. Sonstige körperliche Ursachen
- ~~28~~. Erdstrahlen / Wasseradern
- ~~29~~. Computer / Handy / Mikrowelle etc.
- 30. Umweltbelastung
- 31. Schadstoffe in Wohnräumen
- ~~32~~. Schlechter Schlafplatz
- 33. Sonstige energetische Störfelder
- 34. Schlechtes Feng Shui
- ~~35~~. Menschliche Energieräuber
- 36. Negative Schwingung / Personen
- 37. Wohnverhältnisse
- 38. Fremdenergien
- ~~39~~. Chakrenblockaden
- 40. Meridianblockaden
- 41. Lymphstau
- 42. Sonstige energetische / elektromagnetische Ursachen
- 43. Vorgeburtliche Ablehnung
- 44. Pränatale Probleme
- 45. Geburtstrauma
- ~~46~~. Schwierigkeiten in der Kindheit
- 47. Kindergarten- / Schuleintritt
- 48. Schulprobleme
- ~~49~~. Berufliche Probleme
- 50. Partnerschaftliche Probleme
- 51. Trennung – Scheidung – Tod
- 52. Familiäre Probleme
- 53. Probleme im Freundeskreis
- ~~54~~. Selbstwert – Selbstachtung
- 55. Selbstliebe – Eigenwert
- 56. Ablehnung
- ~~57~~. Manipulation (eigene, fremde)
- ~~58~~. Zu hoher Druck (eigener, fremder)
- 59. Zu hohe oder falsche Erwartungshaltung (eigene, fremde)
- 60. Selbstbestrafung
- 61. Schuldgefühle
- ~~62~~. Stress
- 63. Fixierung – Programmierung
- ~~64~~. Abhängigkeit von Personen
- 65. Sonstige Abhängigkeiten
- ~~66~~. Entscheidungsschwäche
- 67. Durchsetzungsschwäche
- 68. Schock – Trauma – unverarbeitetes Ereignis – seelische Belastung
- 69. Hypersensibilität
- 70. Karma
- ~~71~~. Zukunftsängste
- 72. Lebenskrise
- 73. Etwas nicht loslassen können
- 74. Neuer Lebensabschnitt
- 75.. Sonstige seelisch-mentale Ursachen
- 76. Mangelnde Bereitschaft für Therapie
- 77. Mangelnde Bereitschaft für Gesundungsprozess
- 78. Unterdrückte parapsychologische Fähigkeiten
- 79. Angst vor Spiritualität
- 80. Angst vor der eigenen Macht und Kraft
- 81. Mangelnde Bereitschaft für seelisch-geistige Weiterentwicklung
- 82. Sonstige Ursachen auf der geistigen Ebene

Zweiter Schritt: Bin ich überhaupt der richtige Therapeut / Ratgeber?

Jetzt kommen wir zu einer wirklich interessanten Frage: Sind Sie überhaupt der richtige Therapeut? Ich will Ihnen dabei nicht zu nahe treten und ich frage Sie auch nicht, ob Sie ein guter Therapeut sind. Ich frage: Sind Sie *der* oder *die* Richtige? Für Ihren Klienten nämlich!

Stellen Sie sich vor: Herr K. hat Schmerzen in der Hüfte, immer wieder und immer stärker. Der Arzt kann nichts finden, auf Medikamente spricht der Patient nicht an. Im Bekanntenkreis erzählt ihm eine Dame, dass sie ihre Hüftprobleme mit Hilfe von Kinesiologie weggebracht hat. Herr K. hat zwar keine Ahnung von Kinesiologie, aber er will endlich schmerzfrei leben. Also sucht er den nächsten Kinesiologen auf. Der Kinesiologe beginnt sogleich mit einer Sitzung. Es vergeht die erste Sitzung, die zweite, die dritte. Ohne Erfolg. Als nach der zehnten Sitzung keine Veränderung ersichtlich ist, gibt Herr K. auf. Was ist schief gelaufen?

Abgesehen davon, dass Herr K. möglicherweise zuwenig innere Bereitschaft für den Heilungsprozess hat (siehe „Bereitschaft und Blockaden"), kann es auch sein, dass für ihn Kinesiologie nicht die richtige Therapieform ist. Möglicherweise wäre er mit Reiki, Cranio Sacraler Osteopathie oder der Grinberg-Methode gesund geworden. Die beste Methode und der beste Therapeut können nichts bewirken, wenn sie für den Klienten nicht die richtigen sind. Zehn Kinesiologiesitzungen können unter Umständen nicht das bewirken, was eine einzige Craniosacral Therapie-Behandlung bewirken würde – und umgekehrt.

Deshalb gibt es Erstgespräche! Ich habe sie in meiner Praxis eingeführt, weil ich meinen Klienten helfen wollte, *ihre* optimale Therapieform bereits vor Behandlungsbeginn zu eruieren. Ich schätze, dass rund ein Drittel aller Klienten, die zu einem Erstgespräch zu mir gekommen sind, nicht für mich bestimmt waren. Deshalb habe ich sie an andere Therapeuten verwiesen. Mit großem Erfolg. Sie waren mir immer sehr dankbar für meine Ehrlichkeit und auch dafür, dass ich ihnen Zeit und Mühen erspart habe. Manchmal kommt es auch vor, dass die Kombination von zwei oder drei Therapieformen der ideale Weg zur Heilung ist.

Voraussetzung für das Austesten der jeweigen idealen Therapieform ist, dass Sie – oder Ihr Klient – Grundinformationen über die jeweiligen Behandlungsmethoden haben. Es würde den Rahmen dieses Buches sprengen, auf jede einzelne Therapieform einzugehen – aber sehen Sie nur einmal ansatzweise, wie viele unterschiedliche alternative Heilmethoden es gibt!

Dritter Schritt: Therapieformen von A – Z

Akupressur, Akupunktur, Aromatherapie, Astrologische Beratung, Atemtherapie, Aura-Arbeit, Aura Soma, Australische Buschblüten, Ayurveda-Medizin, Bachblüten, Chakrenarbeit, Channeling, Chinesische Medizin, Craniosacral Therapie, Cranio Fluid Dynamics, Edelstein-Essenzen, Edelsteintherapie, Engel-Channeling, Engel-Energiearbeit, Engelessenzen, Engelsymbole, Ernährungsberatung, Familienstellen nach Bert Hellinger, Farbtherapie, Feldenkrais, Feng Shui, Fußreflexzonenmassage, Geomantische Beratung, Grinberg-Methode, Homöopathie, Kalifornische Blütenessenzen, Kinesiologie, Klangschalen-Massage, Klassische Massage, Klein'sche Methode, Kräuterheilkunde, Kunsttherapie, Lymphdrainage, Meditation, Metamorphische Methode, Mineralstoff- u. Vitaminmangel abklären, Numerologische Beratung, NLP, Opening Human Potential, Psychotherapie (hier allein gibt es unzählige Varianten!), Qi Gong, Rebirthing, Reiki, Rolfing, Schüssler-Salze, Schulmedizin, Shiatsu-Massage, Tai Chi, Tanztherapie, Tomatis-Methode, Yoga, Watsu, etc.

Seien Sie also bitte nicht unglücklich, wenn Sie Ihren Klienten an jemand anderen verweisen müssen. Der liebe Gott hat nicht umsonst diese Vielzahl geschaffen ...

Bereitschaft und Blockaden

Ich möchte jetzt einen Punkt ansprechen, der für das Heil-Werden Ihres Klienten essentiell ist: seine innere Bereitschaft dazu. Viele Klienten (und Therapeuten) scheitern gerade daran.

Das mag Sie jetzt erstaunen. Will denn nicht jeder Kranke gesund werden, fragt man sich? Wollen schon, aber ...

Um einen Heilungsprozess in Gang zu setzen, muss man ja auch etwas tun. Und nicht nur beteuern: „Ich will ja gesund werden." Aus Erfahrung weiß ich, dass eigentlich alle Klienten wollen. Manche aber eben nur vom Verstand her. Und manchmal hinkt das Herz hinterher (die Krankheit wird gar nicht als Entwicklungschance gesehen, sondern nur als Übel, das es sofort aus der Welt zu schaffen gilt). Manchmal aber stimmt die Einstellung zum Heilungsprozess in keinster Weise! Gesund werden ja, aber bitte alles so bequem und so rasch wie nur möglich und am besten ohne Aufwand. Wozu zahle ich an meine Krankenversicherung?

So funktioniert es nicht. Leider. Oder Gott sein Dank! Wirklich heil an Körper, Geist und Seele werden und auch bleiben, das schaffen wir nur, wenn wir an uns und unseren Problemen arbeiten. Ein Leben lang. Leider haben viele Menschen von der Schulmedizin übermittelt bekommen: Habe ich gesundheitliche Probleme, dann helfen mir Tabletten, eine Injektion oder eine Bestrahlung, und alles wird gut. KONSUMVERHALTEN ist aber kein HEILUNGSVERHALTEN!!! Schade, dass es dieses Wort in unserem Sprachgebrauch gar nicht gibt. Es würde vieles erklären und einfacher machen!

Dabei wissen auch die Schulmediziner, dass die altbekannte Rechnung „Habe ich Kopfweh – Tablette her – und weg ist es!" nicht aufgeht. Der Klient wird zwar seine Kopfschmerzen los, das stimmt, aber eben nur für eine kurze Zeit. Dann kommen sie wieder, weil die Rechnung eigentlich heißt: „Symptom behoben – Ursache noch da." Und was das eigentlich Gefährliche daran ist: Wird ein Problem ewig übertüncht, sucht sich der Körper eben eine andere Ebene. Er will uns ja etwas sagen! Und er ist im Übermitteln von Botschaften sehr kreativ! Hat also jemand beispielsweise Nierenschmerzen, weil er etwas nicht loslassen kann oder konnte und sind diese Nierenschmerzen erfolgreich „bekämpft" worden, dann verlagern Körper und Seele das Problem eben auf den Magen. Hat jemand Abgrenzungsprobleme, wird er schon als Kind mit Hauterkrankungen reagieren. Schafft er es nicht, im Laufe seines Erwachsenwerdens damit umzugehen, stehen gravierende Lungenprobleme an.

Wie gesagt: Mit der inneren Bereitschaft heil zu werden, steht und fällt eine erfolgreiche therapeutische Behandlung. Finden Sie also *vor* der Behandlung heraus:

- Wie groß ist die innere Bereitschaft für den Heilungsprozess?
- Liegt sie bei mindestens 90 %?
- Sind dem Klienten die Zusammenhänge zwischen körperlichen und seelischen Ursachen bewusst?

Falls nicht, dann klären Sie Ihren Klienten bitte auf. Machen Sie ihm klar, dass er mit mangelnder Bereitschaft nicht oder nur sehr langsam gesund werden kann. Zeigen Sie ihm seine Blockaden auf und suchen Sie gemeinsam mit ihm nach Wegen, die innere Bereitschaft anzuheben.

Manche Menschen sind für diese Anregung dankbar, denken ernsthaft darüber nach und verändern ihre Einstellung. Diesen Menschen haben Sie bereits geholfen, auch wenn Sie nicht der richtige Therapeut sind! Ein anderer schafft es aber gar nicht. Ich kann Ihnen dann nur empfehlen:

Schicken Sie ihn nach Hause. Sie werden sich die Zähne an ihm ausbeißen und einer der zahlreichen „erfolglosen" Therapeuten / Ratgeber auf seiner langen Liste sein.

Therapieresistenz: Ursachen und Abhilfe

Gehen wir einmal davon aus, dass die innere Bereitschaft bei „gut" bis „sehr gut" lag. Auf jeden Fall haben Sie beide es miteinander versucht. Doch nun zeigt die Praxis, dass der Klient partout nicht auf die Behandlungen anspricht. Das kann mehrere Gründe haben, und ich möchte mit Ihnen nun Punkt für Punkt durchgehen, damit Sie den größtmöglichen Nutzen daraus ziehen. Denn jeder Klient, der nicht so funktioniert wie es der Therapeut / Ratgeber gerne haben möchte, ist zugleich auch sein größter Lehrmeister. Und im Laufe der Jahre bin auch ich einigen dieser Lehrmeister begegnet!

Ungeduld

Manche Menschen spüren sehr wenig und nehmen sehr wenig wahr. Sie sind kopflastig und meinen, Veränderungen sofort erfassen zu müssen. Gerade im alternativ-therapeutischen Bereich kommt es aber vor, dass sich Veränderungen sehr sanft abzeichnen, und zwar zuerst auf der seelischen Ebene und dann erst auf der körperlichen. Wenn man das einem Klienten erklärt, bessert sich meist auch dessen Ungeduld. Man darf ja nicht vergessen, dass sich Krankheiten, Blockaden oder seelische Probleme über Jahre hinweg aufbauen, bevor sie „ausbrechen". Mit Hilfe sanfter Therapieformen setzt man wieder im seelischen Bereich an – warum sollte der Rückwärtsgang um so vieles kürzer sein?

Dazu ein Beispiel: Ein Klient kam mit Asthma-Problemen, die ihn seit zwanzig Jahren plagten, zu mir. Ich stellte als Hauptursache Allergien und seelische Probleme fest. Dann begann die Arbeit des Allergie-Neutralisierens. Zu Beginn der zweiten Sitzung fragte ich ihn, ob er nach der ersten Allergie-Sitzung eine Verbesserung feststellen konnte. Er verneinte. Keine Besserung. Das konnte ich kaum glauben. Also gut. Ich fragte nach einer halben Stunde anders herum noch einmal nach. „Müssen Sie Ihr Asthma-Spray noch mehrmals täglich einsetzen?" „Nein, komischerweise nur noch alle paar Tage." Da hatten wir es! Er sah aber immer noch keinen Zusammenhang zwischen der Behandlung und der Reduzierung des Asthma-Sprays.

Nicht-annehmen-Können des Therapeuten / des Ratgebers

Also eines gleich vorweg: Meist kommen schon die Richtigen zusammen! Nur manchmal „verirrt" sich der richtige Klient zum falschen Therapeuten oder der falsche Klient zum richtigen Therapeuten. Und dann könnte man eigentlich immer noch sagen: Es kommen die Richtigen zusammen, nämlich zwei, die sich die Gelegenheit schenken, aneinander und miteinander zu lernen!

Davon einmal abgesehen: Natürlich gibt es auch im Bereich der Heilarbeit Sympathie und Antipathie. Der beste Therapeut kann nichts ausrichten, wenn sein Klient ihn ablehnt, weil er ihn unbewusst an seine Schwester, an seinen Klassenlehrer oder an seinen „Ex" erinnert. Oder das Ruder weder im Leben und schon gar nicht in der Therapie aus der Hand geben will. So wird eine sehr gequälte, genormte Situation erzeugt, die dann auch wieder nicht funktioniert. Da ist ein offenes Wort des Therapeuten sehr wichtig. Am besten Sie fragen den Klienten, ob er wirklich davon überzeugt ist, mit Ihnen weiterarbeiten zu wollen. Und zwar nach Ihren Richtlinien.

Annehmen ist überhaupt für viele Menschen ein Riesenthema. Oft sind wir seit unserer Kindheit konditioniert, nichts wert zu sein und nichts annehmen zu dürfen (unsere Person schon gar nicht). Oder umgekehrt: Wir sollen gute Menschen sein, also immer nur geben, für die anderen da sein, (und auch wieder nichts annehmen!). Therapiesitzungen zeigen solche Muster auf. Machen Sie Ihrem Klienten doch sensibel klar, dass auch Therapien „Geschenke" sind und nur Sinn machen, wenn sie angenommen werden. Oft genügt ein Aufzeigen, und das Problem verschwindet von selbst. Wenn der Klient aber auch verschwindet, lieber nicht wiederkommt, als seiner Schattenseite wirklich zu begegnen, seien Sie nicht traurig! Sie hatten keinerlei Chance helfend einzugreifen!

Unbewusste Vorteile

Da gibt es diesen schönen, uneingestandenen Satz: „Seitdem ich krank bin, ist es mir noch nie so gut gegangen!" Manche Klienten ziehen wirklich – bewusst oder auch unbewusst – Vorteile aus ihrer Krankheit. Sie stehen plötzlich im Mittelpunkt, werden bedauert, umhegt und gepflegt. Manchmal werden sie sogar von Pflichten entbunden. Kinder können Eltern dirigieren und eine Extraportion an Streicheleinheiten bekommen. Dafür wird körperliches Leiden in Kauf genommen – Hauptsache, die Seele freut sich. Klingt das sehr provokant? Es kommt in der Praxis wirklich sehr häufig vor!

Konsumverhalten

Manch ein Klient möchte – verständlicherweise – wieder gesund werden, ohne sich dafür anstrengen zu müssen. Er ist von der Schulmedizin gewohnt, dass sie keine Mitarbeit verlangt, um den Heilungsprozess einzuleiten oder zu unterstützen. In Einzelsitzungen „konsumiert" er sozusagen Heilarbeit – schließlich muss er ja auch dafür zahlen. Damit übergibt er die Verantwortung für seine Gesundheit an den Therapeuten – glaubt er. Gesundheit kann aber nur durch einen Selbstheilungsprozess eingeleitet und wiedererlangt werden! Und dafür ist in vollem Ausmaß der Patient selber zuständig. Der Therapeut kann ihn begleiten, das Rad in Schwung bringen; heil werden aber muss der Patient selber. Oder anders gesagt: Der Therapeut kann „eine sehr gute Leiter anlehnen, hinaufklettern aber muss der Patient selbst". Manch einem ist es zu viel Aufwand, regelmäßig zweimal pro Tag Essenzen einzunehmen. In diesem Fall muss sich der Klient selbst die Frage stellen, was ihm seine Gesundheit wert ist.

„Therapien-Cocktail"

Dann gibt es wieder andere, die nicht nur Essenzen nehmen, zehnmal täglich, sondern auch noch dazu dreimal täglich Aura Soma verwenden, mehrmals täglich Qi Gong betreiben, bereits eine Einzelsitzung in Kinesiologie gebucht haben, gestern eine Fußreflexzonenmassage erhielten, heute bereits ein Kopfwehmittel genommen haben, um die Migräne abzufangen und, und, und ... „Allzu viel ist ungesund" sagt da ein altes Sprichwort, und es hat Recht. Wer zu viel gleichzeitig kombiniert, gibt seinem Körper und seiner Seele keine Chance mehr, die zahlreichen feinstofflichen Impulse zu verarbeiten und gar umzusetzen.

Das Ergebnis dieses energetischen Chaos ist gleich Null, oder noch schlimmer – der Mensch kippt in Zustände, die ihm gar nicht mehr bekömmlich sind, wird (verständlicherweise) böse und schmeißt erst recht alles hin!

Umgekehrt zeigt die Praxis oft, dass eine einzelne Therapieform alleine nicht ausreicht, in Kombination mit einer anderen aber zum Ziel führt. Mit Reiki z.B. arbeite ich vom feinstofflichen Körper in den grobstofflichen hinein, mit Massagen vom grobstofflichen in den feinstofflichen Körper. Es ergibt sich eine Verknüpfung, ein Ineinanderwirken von unterschiedlichen Behandlungsebenen. Manche Menschen kommen nur so in ihren Heilungsprozess.

Ein junger Mann kam eines Tages zu mir und klagte über Rückenschmerzen. Spätestens seit Louise L. Hays kleinem, violetten Buch „Heile deinen Körper" weiß jeder, dass sich viele Emotionen in der Wirbelsäule festsetzen. Ich testete aus, welche Wirbel in seinem Fall davon betroffen waren, und wir ordneten die entsprechenden Emotionen zu. Innerhalb weniger Minuten hatten wir ein komplettes Bild seiner emotionalen Situation. Da die Muskulatur entlang der Wirbelsäule geschwächt war, empfahl ich ihm Haltungsgymnastik zur Stärkung der Muskeln. Den emotionalen Schwächen ordneten wir eine Engelessenz zu, die er regelmäßig verwendete. Innerhalb kürzester Zeit war das Problem verschwunden.

Zeitqualität passt nicht

Wer sich ein wenig mit Astrologie beschäftigt hat, weiß, dass es unterschiedliche Zeitqualitäten gibt. Es gibt Zeiten, in denen trotz krampfhafter Anstrengungen nichts weitergeht, dann wiederum gibt es Zeiten, wo einem alles spielerisch von der

Hand geht. Manchmal dauert einem Klienten der Genesungsprozess zu lange. Er nimmt eine Sitzung nach der anderen in Anspruch, ohne zu bedenken, dass sein Körper und seine Seele genügend Verarbeitungszeit benötigen. Es ist sehr wichtig, die idealen Abstände zwischen den einzelnen Behandlungen zu ermitteln und einzuhalten!

Manchmal ist es nicht an der Zeit, einen Heilungsprozess einzuleiten. Sei es, weil der Klient noch nicht verstanden hat, was ihm seine Krankheit sagen will, sei es, dass, würde er geheilt, ohne daraus gelernt zu haben, seine Seele nur das Spiel auf einer anderen Ebene wiederholt. Hier heißt es, Geduld zu haben. Geduld heißt es auch bei den zahlreichen Mauern zu haben, die ein Klient (und eigentlich ja jeder Mensch!) im Laufe seines Lebens zwischen sich und den anderen aufstellt.

Nehmen Sie es nicht persönlich, wenn Sie nicht gleich zu Ihren Klienten durchkommen, weil sie die Rollläden runtergelassen haben. Zahlreiche energetische sowie mentale Blockaden aus früheren seelischen Verletzungen haben dazu geführt. Und gerade Menschen mit unsichtbaren Schutzwällen um sich können oft Therapien im feinstofflichen Bereich anfangs nur schwer an sich heran lassen. Um eine Öffnung zu bewirken, um den Schutzpanzer aufzuweichen, bedarf es hier einfühlsamer Gespräche oder „energetischer Hilfsmittel". Dann erst wird die Behandlung greifen.

Unbemerkte Schocks

Die Therapie, auch Engeltherapie, zeigte bereits gute Wirkung, dennoch erfolgt ein Rückschlag? Dies kann durch Schocks ausgelöst werden. Das Schwierige dabei: Viele Schocks spielen sich auf einer Ebene ab, wo sie von den Klienten gar nicht als Schock erkannt werden, da sie nicht von typischen Symptomen begleitet werden.

So zeigte z. B. eine Klientin, deren Hausstauballergie bereits Monate zuvor erfolgreich neutralisiert worden war, plötzlich wieder allergische Symptome. Wie sie mir berichtete, hatte sie in der Zwischenzeit einen bösen Sturz über die Kellertreppe und überdies ihr Partner einen Autounfall. Nachdem in einer Sitzung die Schocks aufgelöst wurden, war auch die Allergie wieder verschwunden.

Die Krankheit macht Sinn

„Aber ich WILL ja diese Behandlung, ich WILL ja gesund werden!" ... sagt der Verstand.

Das Unterbewusstsein ist da oft anderer Meinung. Es ist einfach Tatsache, dass manchmal eine Krankheit Sinn macht, da sie karmische Ursachen hat und auf ganz anderen Ebenen und für ganz bestimmte Menschen etwas bewirken muss. Auch wenn es nur bei einem von hundert Fällen der Fall ist: Manchmal muss man einfach respektieren, dass man nicht alles weiß. Als Klient nicht. Und als Therapeut auch nicht.

So arbeiten Sie mit den Symbolen ...

Was Symbole bewirken, habe ich bereits dargelegt. Wie Sie die richtigen Symbole auswählen, wissen Sie auch schon. Nun ist es interessant zu sehen, wie die einzelnen Therapie-Sets wirken, wofür sie gedacht sind und welche zusätzlichen Informationen sie über Ihr Gegenüber – oder Sie selbst! – preisgeben.

In der Praxis haben sich zwei Möglichkeiten bewährt, mit Engel-Therapie-Symbolen zu arbeiten. Entweder gibt es bereits ein Thema, z. B. kommt jemand mit Asthma, etwas, worüber er sprechen kann, dann greifen Sie zum passenden Symbol-Set. Testen Sie aber bitte vorher aus, ob es auch das richtige ist!

Zweite Variante: Der Hilfesuchende hat kein bestimmtes Thema, und es liegt an Ihnen, wie viele und welche Symbole aus diversen Sets er für die jeweilige Behandlung braucht. Wie Sie das austesten, wissen Sie bereits. Gehen wir es der Reihe nach durch.

Fallbeispiel 1 – Thema ist bekannt (z. B. Asthma):

- Nehmen Sie die Engel-Therapie-Symbole No. 52 | BURIEL zur Hand und testen Sie aus, ob Sie ein oder mehrere Symbole aus diesem Set verwenden sollten.

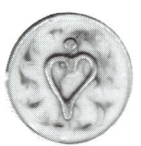 z.B.: Engel-Therapie-Symbol No. 52/02 | BURIEL

- Testen Sie weiter, auf welche Körperstellen und wie lange die Symbole aufgelegt werden müssen.
- Ist das geschehen, legen Sie die Symbole auf die ermittelten Körperstellen auf. Das kann direkt auf der Haut oder auch am Kleidungsstück sein. Symbole wirken durch die Kleidung und alle Aura-Schichten hindurch. In beiden Fällen ist es sinnvoll, die Symbole festzukleben. Aus diesem Grund werden die Engel-Therapie--Symbole auch aus Transparentfolie hergestellt.
- Nun stellen Sie durch Austesten fest, wie lange die Symbole am Körper bleiben sollten. Das können 10 Minuten, aber auch zwei Stunden sein. Haben Sie die Möglichkeit, mit Kinesiologie, Massage, Cranio Fluid Dynamics etc. zu arbeiten, verkürzt sich dadurch die Auflegezeit der Symbole um ein Vielfaches. Ansonsten legen Sie Entspannungsmusik auf oder – falls gewünscht – besprechen Sie das zu bearbeitende Problem.
- Sie werden feststellen, dass alle Arten der ganzheitlichen Heilung durch die Anwendung der Engel-Therapie-Symbole intensiver, durchgreifender und langanhaltender wirken werden.

Fallbeispiel 2 – Thema ist nicht bekannt

- Testen Sie aus, welche Symbole Sie für Ihre Arbeit benötigen, und wundern Sie sich nicht: Z. B. könnte ein Mann bei Ihnen sein, der ein Symbol für die Lunge, für Parasiten, für Schwangerschaft und für Entgiftung braucht. Es liegt jetzt an Ihnen und an Ihrer Kompetenz, daraus die richtigen Schlüsse zu ziehen. So könnte Ihr Klient zum Beispiel kopflastig sein, sich von anderen Menschen, menschlichen Parasiten sozusagen, aussaugen lassen, eine Blockade seit der pränatalen Zeit mit sich herumschleppen und darüber hinaus durch falsche Ernährung Schadstoffe in sich tragen. Ein ausführliches Gespräch wird ergeben, inwieweit Sie richtig liegen. Auf jeden Fall erkennen Sie aufgrund der Bezeichnung der Symbole auf den ersten Blick, wo noch Blockaden oder Schwachstellen zu beheben sind.
- Danach testen Sie aus, auf welche Körperstelle die jeweiligen Symbole gelegt oder geklebt werden. Jetzt können Sie als Therapeut / Ratgeber wie gewohnt Ihre individuelle Behandlung beginnen oder einfach nur Entspannungsmusik laufen lassen.
- Sie werden feststellen, dass sich bestehende Blockaden einfacher und dauerhafter lösen lassen und sich der Klient / Freund nach der Behandlung freier und leichter fühlt.

Körperstellen, die erfahrungsgemäß besonders wirksam in Kombination mit den Engel-Symbolen reagieren:

- Solarplexus
- Herzchakra
- Stirn
- Thymus
- Nacken
- Sexualchakra bzw.
- Chakren oder Nebenchakren, die Sie austesten.

Meridiansymbole: Legen Sie die Symbole auf den jeweiligen Meridianpunkt oder auf den Anfangs- oder Endpunkt des Meridians. *Organsymbole* legen Sie auf das Organ bzw. auf den entsprechenden Bereich auf der Fußreflexzone. Es gibt bereits zahlreiche gute Bücher mit grafischen Darstellungen über die Lage der Meridiane bzw. Fußreflexzonen. Sie hier abzubilden würde den Rahmen des Buches sprengen.

Sie brauchen die Punkte auch nicht 100%-ig zu treffen – die Energie fließt dorthin, wo sie gebraucht wird. Und zwar dosiert – das heißt, es wird automatisch dosiert, was gebraucht wird. Ein Symbol kann also niemals eine Überladung oder Überfrachtung von Energie erzeugen. Nur Sie – indem Sie zu viele Themen und Symbole mischen – können dies bei Ihrem Klienten möglicherweise verursachen.

... und so arbeiten Sie mit den Testampullen

Auf Anregung einiger Therapeuten sind Testampullen (Therapeuten-Test-Sets) entstanden. Das Testset 1 besteht aus 49 Testampullen, die die Schwingung der Engelsymbole 1 – 49 enthalten (siehe mein Buch „Heilende Engelsymbole").

Das Testset 2 enthält alle 59 Engel-Therapie-Sets, wie sie in diesem Buch beschrieben werden, in Ampullenform.

Wie können Sie nun mit den Testampullen arbeiten?

Austesten
Die exakteste Zuordnung der benötigten Engelenergie erfolgt über das Austesten der Testampullen. Wenn Sie von allen Engelenergien die wichtigste für sich oder andere auswählen wollen und nicht alle Engel-Therapie-Symbole zur Hand haben, testen Sie aus allen 49 bzw. 59 Ampullen diejenige aus, die am dringendsten benötigt wird. Man kann sich diese Engelsenergie dann in Form von Engelsymbol, Engelessenz, Kombi-Essenz oder Kombi-Öl besorgen.

In eine Therapiebehandlung einbeziehen
Falls Sie als Therapeut arbeiten und keine Engel-Therapie-Symbole verwenden möchten, können Sie auch mit den Testampullen arbeiten. Wählen oder testen Sie die entsprechenden Ampullen aus, und kleben Sie diese auf den Körper oder speichern Sie die Energie dieser Ampulle in den Körper ein.

In Kombination mit dem Orgon-Strahler
Eine Dame aus Wien verwendet seit geraumer Zeit die Testampullen für ihre Arbeit mit dem Orgon-Strahler. Sie testet aus, welche Ampullen sie für ein bestimmtes Problem benötigt, stellt die ausgetesteten Ampullen in den Orgon-Strahler und behandelt damit nicht nur sich, sondern auch ihre

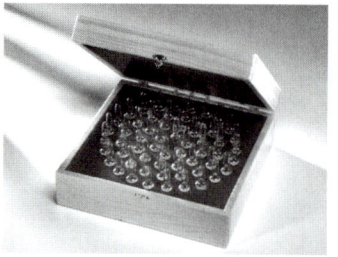

59 Testampullen

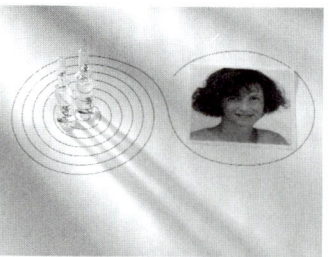

Testampullen in Kombination mit Übertragungskarte

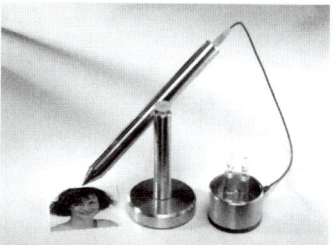

Testampullen in Kombination mit Orgonstrahler

Lieben. Mit großem Erfolg, wie sie mir immer wieder berichtet.

In Kombination mit der Übertragungskarte

Im Anhang zu diesem Buch finden Sie eine Übertragungskarte. Diese können Sie heraustrennen und eventuell im Copy-Shop folieren lassen. Damit ist die Karte dauerhaft geschützt und nützt sich nicht so leicht ab. Testen Sie aus, wie viele und welche Ampullen Sie für eine bestimmte Person benötigen. Danach stellen Sie in den linken Teil der Übertragungskarte (Spirale) die Ampullen (oder die Symbole), in den rechten Teil (Kreis) legen Sie ein Foto oder eine Zeichnung der Person, der Sie helfen wollen. Testen Sie bitte exakt aus, wie lange die Ampullen / Symbole auf der Übertragungskarte bleiben müssen.

Was erzählen die ausgetesteten Symbole? Wenn Sie nun die richtigen Symbole (oder Ampullen) ausgetestet und aufgelegt haben, können Sie im Gespräch auf die Themen eingehen, die die Symbole anzeigen. Oft überrascht es, welche Symbole da plötzlich auftauchen. Häufig sind es Symbole, die Probleme in Schwangerschaft, Geburt und Kleinkind-Alter anzeigen, oder aber auch karmische Ursachen und sonstige Belastungen. Durch Ihr Gespräch können Sie die Wirkung Ihrer Arbeit vertiefen. Es geht darum, die Problematik anzusprechen und damit in das Bewusstsein des Menschen zu holen. In meiner Praxis ist es häufig passiert, dass plötzlich Dinge ausgesprochen wurden, die Klienten jahre- und jahrzehntelang vor sich selbst und allen anderen verschwiegen haben. Als über das Symbol das Thema zum Vorschein kam, machte sich große Erleichterung breit, und oft war ich der erste Mensch, dem das Problem anvertraut wurde.

Nun ein kleiner Vorgriff auf das Kapitel „Therapie-Symbole 1 – 59". *Wenn Sie sich die Symbole der einzelnen Engel-Therapie-Sets nun nach und nach durchsehen, werden Sie einen gemeinsamen Aufbau entdecken. So lesen Sie bei* Engel-Therapie-Symbole No. 01 | LARIEL *zunächst einmal das Grundthema: Krisensituationen körperlicher Art. Es ist ein Therapie-Set für den körperlichen Notfall. Die Symbole sind in dunkelblau gehalten (siehe Kapitel „Farbtheorie"), und Sie können diese für alle Chakren und Körperzonen verwenden. Soweit einmal die ersten Basisinformationen.*

Hilfreich ist auch die folgende Affirmation, die Sie Ihrem Schützling mitgeben können: „Ich aktiviere die Selbstheilungskräfte meines Körpers." Denn genau darum geht es. Als feinstofflicher Heiler sind für Sie natürlich die seelischen Hintergrundthemen von größter Bedeutung. Ihr intuitives /

praktisches Wissen über Notfälle können Sie noch ergänzen durch die weiteren Angaben zu den Symbolen wie folgt:

- Angst und Panik in Krankheits- und Unfallsituationen
- Schocks (auch weiter zurückliegende)
- Neigung zu Unfällen, Tendenz zu häufigem Erkranken
- immer wieder aus der inneren Mitte fallen
- Stagnation im Heilungsprozess

Dann erfahren Sie, was genau die Engel-Therapie-Symbole bewirken.

Sie helfen
- sich gegen alle Arten von körperlichen Notfällen zu wappnen,
- wiederkehrende Symptome auf der körperlichen Ebene zu lindern,
- die Neigung zu Unfällen zu reduzieren,
- den Weg ins innerste Selbst zu offenbaren,
- sein Heil zu suchen und zu finden.

Kommen wir jetzt wieder zu unserem Herrn Müller. Können Sie sich noch an ihn erinnern? Das war der Mann mit den Kopfschmerzen, dem Chef im Nacken, der unzufriedenen Ehefrau, der falschen Ernährungsweise und der Medikamentenunverträglichkeit.

Im fiktiven Fallbeispiel sehen Sie, welche Therapie-Sets und welche Symbole ich ausgetestet habe:

1. Rahael (No. 01) : 2 Stk.
2. Raniel (No. 39) : 1 Stk.
3. Coruel (No. 42) : 1 Stk.
4. Norael (No. 26) : 1 Stk.

Der Einfachheit halber – und da Sie zu diesem Zeitpunkt ja auch noch nicht so versiert sein können – habe ich Ihnen die elementaren Punkte zusammengeschrieben. So können Sie sehen, woher die Probleme kommen, welche Punkte erstrangig zu behandeln sind und wie Sie weiter vorgehen werden.

Nur Mut!

Sie werden sehen – sobald Sie anhand der beigefügten Checkliste ein Beispiel durchgearbeitet haben –, dass eine Behandlung mit Hilfe der Engelsymbole ganz einfach ist. Außerdem gibt es die Möglichkeit, in Seminaren die Arbeit mit den Engel-Therapie-Symbolen zu erlernen.

Der Vollständigkeit halber habe ich Ihnen auch eine Liste dafür mitgegeben, was
    NACH DER BEHANDLUNG
alles zu tun ist. Womit der Rundum-Service von Seiten des Behandlers erfüllt ist. Der Ball liegt nun wieder beim Hilfesuchenden ...

Checkliste 2
„Arbeiten mit Engel-Therapie-Symbolen"

Klient: *Egon Müller*
Thema / Problem: *Schlafprobleme, Kopfschmerzen*

Wie viele Symbole benötige ich insgesamt für meine Arbeit?   *5* Stk.

Aus welchen Therapie-Sets?	Wieviel Stück?
1. Rahael (No. 01).	*2* Stk.
2. Raniel (No. 39)	*1* Stk.
3. Coruel (No. 42)	*1* Stk.
4. Norael (No. 26)	*1* Stk.
5. ---	... Stk.

Hintergrundthemen der ausgetesteten Symbol-Sets (Symbolbeschreibung heranziehen):

1. *Kopflastigkeit, Überbetonung des Intellekts ...*
2. *Konkurrenzkampf, Erfolgszwang ...*
3. *Unbewusste Opfer-Haltung ...*
4. *Angst, nicht geliebt zu werden ...*
5. ....

Auf welche Körperstelle / Zone / Chakren lege oder klebe ich die Symbole auf?

	Welche Symbole?	Wieviele Symbole?
1. *Stirn*	*No. 1*	*1 Stk.*
2. *Solarplexus*	*No. 26, 39, 42*	*alle restlichen Stk.*

Wie lange bleiben die Symbole am Körper?

☐ Während der ganzen Behandlungszeit   ☐ ...... Minuten

Checkliste 3
Nach der Behandlung

Name: *Egon Müller*

Wie viele weitere Symbol-Behandlungen werden noch benötigt? *voraussichtlich 7*

Kombination mit anderen Therapieformen etc. sinnvoll / erforderlich?　　○ JA　　○ NEIN

Wenn ja, welche? *Geomantische Beratung, Meditation, Qi Gong ...*

Für zu Hause:
Braucht der Klient noch

- [ ] Engel-Kombi-Essenz

- [ ] Engel-Kombi-Öl

- [ ] Engel-Aura-Essenz

- [ ] Engelsymbol 1–49

- [ ] Engelessenz 1–49

- [ ] Persönliches Engelsymbol

Die genaue Beschreibung und Anwendung der Engelessenzen und Engelöle zeigt Ihnen das Buch „Heilende Engelessenzen und Engelöle".

Engel lieben Farben

Für mich waren Engel schon immer leicht, fröhlich, bunt! Und heute weiß ich mehr denn je: Engel lieben Farben und setzen sie ganz bewusst ein. So erzählen mir manche Menschen, dass sie dieses oder jenes Symbol in meiner Praxis förmlich so angeleuchtet hat, dass ein „Entkommen" schier unmöglich war. Gemeinsam stellen wir dann fest, dass dieses Symbol dringend gebraucht wurde, auch wenn es gar nicht die Lieblingsfarbe meines Klienten war!

Engelsymbole haben ganz spezielle Farben und das hat seinen Grund: Farben haben Energiefrequenzen und liegen somit auf einer bestimmten Schwingungsebene, auf der sie unseren Körper und unsere Seele beeinflussen. Wenn wir durch Angst, Schock, Zorn oder Unsicherheit aus unserem inneren Gleichgewicht geraten sind, „schubsen" uns Farben mit ihrer Frequenz in die ideale Grundfrequenz, in unseren idealen Seelenzustand zurück.

Farben wirken aber auch auf der rein körperlichen Ebene. Ein schönes Beispiel ist für mich der Versuch, den Christa Muths[2] in ihrem Buch „Farbtherapie" beschreibt. Dort wurde einer Versuchsperson nur weiße Kost vorgesetzt. Also nur weiße Nahrungsmittel wie Zucker, Weißbrot, hart gekochtes Eiweiß, Reis, Topfen, Milch usw. Alle lebensnotwendigen Nährstoffe waren in dieser weißen Kost enthalten. Dennoch erkrankte der Mensch an Magen-Darm-Katarrh. Als die weiße Kost abgesetzt wurde und farbige Nahrungsmittel auf den Tisch kamen, wurde er innerhalb von drei Tagen völlig gesund – und das ohne Medikamente! Farbe ist also Nahrung! Auch Wasser, das einige Zeit farbiger Bestrahlung ausgesetzt wird, verändert sich. Stellen Sie ein Glas Wasser auf ein dunkelblaues Symbol und lassen Sie es eine Stunde dort stehen. Sie werden die Farbe und die Energie schmecken.

Weiter wissen wir, dass farbige Energie das Wachstum der Zellen im Körper anregt, Nerven und Organe beeinflusst und sich auch über das Limbische System (Sitz der Gefühle) bemerkbar macht. Blau beruhigt, Rot stimuliert, Grün entspannt, Schwarz drückt die Stimmung ...

Über die Farbe ist demnach bereits ersichtlich, in welchen Bereichen die Engelsymbole auf der seelischen Ebene wirken. Auch wenn Sie keine näheren Informationen über das Engelsymbol haben – über die Farbe kommen Sie zum Thema! Das gilt ganz besonders für die Persönlichen Engelsymbole.

Es gibt bereits eine wahre Vielzahl von Büchern, die Auskunft geben über die Wirkung von Farben.

---

[2] Muths, Christa: Farbtheorie, München 1989

Im Zusammenhang mit unserer Arbeit ist es wichtig zu wissen, wie Farben im feinstofflichen Körper und damit auf der seelisch-geistigen Ebene wirken.

Die Farben der Engelsymbole wurden übrigens von der Engelwelt festgelegt und weichen in einigen Fällen von der klassischen Farbtherapie ab. So werden in der klassischen Farbtherapie für die Behandlung von Allergien die Farben Grün, Rosa, Indigo und Orange eingesetzt. Die Engelsymbole weisen jedoch nur verschiedene Grüntöne auf. Dennoch wirken sie, wie zahlreiche Erfahrungen in der Praxis beweisen. Das mag daran liegen, dass die Symbole nicht nur auf der körperlichen, sondern vor allem auf der feinstofflichen Ebene ihre Wirkung zeigen. In weiterer Folge möchte ich Ihnen nun die Farben vorstellen, die die Engel gewählt haben und Ihnen erzählen, was sie bewirken.

Was Sie aus den Farben herauslesen können

ROT: Nachweislich wächst eine Zimmerpflanze, unter ein rotes Glas gesetzt, viermal so schnell. Rot ist die Farbe des Blutes und aktiviert auf jeder Ebene. Denken Sie an Sex, Liebe, Leidenschaft. Psychisch kann man von Zuversicht, Vertrauen in die eigene Kraft, physisch von Erdung oder Materie sprechen. Eine Überenergie zeigt sich in Zorn, Aggression, Hyperaktivität.

Körperliche Zuordnung: Blut und Blutkreislauf, Knochen, Zähne, Wirbelsäule, Beine, Sexualorgane, Kreislauf, Durchblutung, Muskel
Wirkung: wärmt, belebt, regt an, motiviert, gleicht aus, festigt, stimuliert
Anmerkung: Rote Symbole sollten nicht bei Hyperaktivität, Entzündungen und Kopfschmerzen verwendet werden.

ROSA: ist die Farbe von Babywäsche, und das kommt nicht von ungefähr. Bei Schwangerschaft, Geburt, Geborgenheit steht Rosa an erster Stelle. Energetisch hüllt Rosa liebevoll ein, ohne sich aufzudrängen. Rosa aktiviert Selbstliebe, lindert Gefühlsdefizite, heilt Verletzlichkeit. Rosa steht für Gefühle wie Liebe, Zärtlichkeit, Sanftmut. Es ist die Farbe der Herzensöffnung und Liebesfähigkeit.

Körperliche Zuordnung: Herz, Hormonsystem, (weibliche) Geschlechtsorgane
Wirkung: weckt Selbstliebe und Sensibilität anderen gegenüber
Anmerkung: Engel lieben Rosa!

MAGENTA: Diese kräftige Farbe verbindet den Menschen mit dem Göttlichen, lehrt, die kleinen Dinge im Alltag wieder zu schätzen und zu beachten. Magenta war immer eine Farbe der Spiritualität, eine Farbe der Kardinäle. Auch Göttliche Liebe und All-Liebe werden MAGENTA zugeordnet. Weitere Themen können sein: Bewertung, Toleranz, Großzügigkeit.

Körperliche Zuordnung: Kopf, Stirn
Wirkung: Reinkarnationsarbeit, Traumarbeit

GELB: In einem gelben Stall legen die Hühner mehr Eier. Gelb ist Leben pur, steht für Lebensfreude und Lebendigkeit. Die Festgewänder der Buddhisten sind gelb, und das sind bekanntlich zufriedene, fröhliche Menschen, aber auch sehr wissende. Gelb steht auch für den Intellekt, für das erlernte Wissen, aber auch für Macht, Machtmissbrauch, Pessimismus, Zukunftsängste, Neid und Geiz.

Körperliche Zuordnung: Nervensystem, Schocks, Verdauungsorgane, tiefsitzende Depressionen
Wirkung: belebt, stimuliert, steigert Appetit und Lebensfreude

ORANGE: steht für Freude und ist die sinnliche Variante von Gelb. Orange sorgt für heitere Gelassenheit. Es hat tiefen Einfluss auf die Psyche, kann tiefsitzende, unbewusste Ängste heilen und ist gut bei mangelndem Selbstvertrauen, Unsicherheit und Panik, Süchten und Abhängigkeiten.

Körperliche Zuordnung: Nervensystem, Schocks, Verdauungsorgane, Narkoseschäden, Depressionen, Süchte, Abhängigkeiten
Wirkung: belebt, stimuliert, steigert Appetit und Verdauung

GRÜN: wird oft in Krankenhäusern und Schulen eingesetzt – beides Orte, in denen Heilungs- und Lernprozesse stattfinden. Es hilft Balance, Entspannung und Harmonie zu finden. Ein Spaziergang im Grünen nimmt die Beengtheit im Herzen, und der Mensch findet seinen inneren Frieden.

Körperliche Zuordnung: Herz, Lunge, Brustbereich, Allergien, Immunsystem, Haut
Wirkung: muskel- und gewebebildend, gehirnanregend, knochenbildend

BLAU: ist das „Kleid der Madonna", steht für Frieden, Ruhe, Intuition, Schutz, Geborgenheit. Blau dient der Entspannung. Der männliche Aspekt dieser Farbe findet sich in den Themen Gerechtigkeit, Ausdruckskraft, Willenskraft, Kontakt, Forschungsdrang, Verlässlichkeit, Ausgeglichenheit, Autorität

Körperliche Zuordnung: Hals, Stirn, Kopf
Wirkung: kühlend, schlaffördernd, schmerzstillend, beruhigend

VIOLETT: birgt durch die Mischung blau-rot gewisse Spannungskomponenten, die es zu bewältigen gilt und hilft bei der Überschreitung von Grenzen. Violett steht für Meditation, Extravaganz, Innenschau, Kopflastigkeit, Visionen, Konventionen, Transformation, Fremdenergie, Inspiration, Tabus

Körperliche Zuordnung: Stirn, Thymus, Nacken
Wirkung: fördert seelisch-geistige Heilungsprozesse

WEISS: beinhaltet alle Farben, sie ist die All-Farbe schlechthin. Weiß wird zur Klärung und Reinigung auf der körperlichen und seelischen Ebene eingesetzt und steht für den Lichtprozess in uns. Die Farbe hilft Chakren zu klären und zu Wahrheit und Erleuchtung zu finden.

Körperliche Zuordnung: alle Körperzonen und Chakren, Thymus, Lymphsystem
Wirkung: klärend, reinigend, entgiftend

KORALLE: löst tiefsitzende Selbstzweifel, Selbstbeschuldigung und Selbstverleugnung auf, hilft seelische Verletzungen im sexuellen Bereich zu lösen und hilft bei Abhängigkeiten und Süchten. Diese Farbe bringt ein hohes Maß an fröhlicher Geborgenheit, steht für sanfte, sinnliche Lebenskraft und Lebensfreude.

Körperliche Zuordnung: Bauch, Unterleib, Geschlechtsorgane
Wirkung: heilt Missbrauch, Schock

TÜRKIS: ist wie das Meer, offen, weit, weich, ohne Grenzen. Türkis steht für Selbstausdruck und Selbstentfaltung, Kreativität auf allen Ebenen, Leichtigkeit, Gefühle ausdrücken, Inspiration, Fantasie, Intuition und Sprachgefühl.

Körperliche Zuordnung: Hals, Lunge, Herz, Thymus, Kehlkopf
Wirkung: fördert die Öffnung auf der kreativen Ebene

Was die Zeichen auf den Symbolen bedeuten

Wenn ich von Engelsymbolen (und natürlich von Engel-Therapie-Symbolen) spreche, meine ich in erster Linie das farbige Symbol als Ganzes und nicht nur das grafische Zeichen auf dem Symbol. Sicher kennen Sie auch meine Engel-Symbol-Karten vom Set „Heilende Engelsymbole" und haben sich vielleicht schon gewundert, wofür diese oft sehr geometrischen, manchmal aber auch kunstvoll verschnörkelten Symbole eigentlich stehen. Und ich gebe zu – auch ich habe mir diese Frage schon oft gestellt. Aber jedes Mal, wenn ich meine Engel nach der Bedeutung der Zeichen auf den Engelsymbolen gefragt habe, bekam ich die Antwort: „Es ist nicht wichtig zu wissen, was sie bedeuten, sondern nur (?), dass sie wirken. Aber da du so neugierig bist: Diese Zeichen erhöhen eure Schwingung und sie verändern eure feinstoffliche DNS."

Genauso kann ich es Ihnen eigentlich nur weitergeben. Die Zeichen auf den Farbscheiben wirken auf unser Unterbewusstsein, genauso wie Farben, Klänge oder Düfte. Und für jedes Zeichen gibt es sicherlich mehr als nur eine Erklärung. Bekomme ich den Auftrag für ein Persönliches Symbol, sehe ich zuerst die Farbe und dann – leuchtend darauf – das eigentliche Zeichen. Ich muss es nur noch nachmalen.

Ich kann Sie nur auffordern: Sehen Sie die Symbole mit Ihren eigenen Augen an. Vielleicht entdecken auch Sie – wie meine Freundin Gabriela – Ihre ganz persönliche Bedeutung eines Symbols. Sie konnte auf einmal in einem meiner Seminare auf dem Symbol No. 17 – Engel für Wohlstand und Fülle – den Schriftzug „lov(e)" entdecken. Und wir alle mit ihr ...

Wollen die Engel mit uns kleine Scherze treiben oder ist die exakte Entschlüsselung tatsächlich nicht vorrangig? Ich weiß nur eines: Ob Strich, Fläche, Schlinge oder Schnörkel – es wirkt. Seien auch Sie von der Wirkung der Symbole überzeugt. Wir müssen nicht immer alles verstehen ...

TEIL IV Engel-Therapie-Symbole 1 – 59

Nun lade ich Sie ein, sich diesem Teil des Buches zu öffnen – der Arbeit mit den Symbolen. Mit der Zeit haben sich 59 unterschiedliche Engel-Therapie-Sets ergeben, und man könnte meinen, dass das recht viele sind. Vor allem, wenn man bedenkt, dass es auch die Symbole 1–49 gibt und Aura-Essenzen, Öle und Essenzen... Lassen Sie sich nicht verwirren! Sie werden weniger brauchen als Sie denken!

Beigefügt finden Sie die wichtigsten 18 Engel-Therapie-Symbolsets. Sie alle wurden von der Engelwelt energetisiert und versiegelt. Diese Symbolsets sind auf Karton gedruckt und vorgestanzt. Sie brauchen sie also nur mehr herauszudrücken und die Arbeit kann beginnen.

Wenn Sie in Zukunft sehr häufig mit Engel-Therapie-Symbolen arbeiten möchten, besteht die Möglichkeit, Symbole aus Transparent-Folie zu erwerben. Diese haben den Vorteil, dass sie sich dem Körper anschmiegen, durch die Verwendung von Haftstreifen nicht beschädigt und zudem feucht abgewischt werden können (siehe „Bezugsquellen & Kontakte" im Anhang dieses Buches).

Diese Symbolserien sind beigefügt:

No. 01 – Lariel	|	Körperlicher Notfall
No. 02 – Nanael	|	Seelischer Notfall
No. 03 – Hariel	|	Kinder Notfall
No. 04 – Aniel	|	Erkältung, Entgiftung, Entschlackung
No. 07 – Carmiel	|	Immunsystem
No. 10 – Nithael	|	Allergien und Unverträglichkeiten
No. 11 – Lunael	|	Viren und Bakterien
No. 12 – Haziel	|	Chakren
No. 13 – Yeliel	|	Meridiane
No. 14 – Corael	|	Organe und Fußreflexzonen (1)
No. 22 – Doriel	|	Ängste und depressive Verstimmungen
No. 24 – Sorael	|	Fremdenergien
No. 25 – Cithael	|	Karma
No. 28 – Cosiel	|	Entzündungen
No. 38 – Luciel	|	Organe und Fußreflexzonen (2)
No. 42 – Coruel	|	Energetische Abgrenzung
No. 43 – Loriel	|	„Die 7 Nothelfer"
No. 59 – Ismael	|	Sterbebegleitung

Und nun gehen wir weiter, zum Kern dieses Buches, den Engel-Therapie-Symbolen im Einzelnen:

Engel-Therapie-Symbole und körperliche Ebene

Es ist mir außerordentlich wichtig noch einmal darauf hinzuweisen, dass die auf den Folgeseiten beschriebene „körperliche Ebene" der Symbole

- nur eine Zuordnung zu körperlichen Symptomen und deren seelischen Ursachen sein kann.

Immer wieder wird geglaubt, dass beispielsweise mit dem Symbol-Set No. 05 | Rahael Kopfschmerzen und Migräne geheilt werden können. Tatsächlich ist dies schon in vielen Fällen gelungen, wie die Praxis zeigt, aber

- gehen Sie bitte niemals davon aus, dass die Symbole medizinische Maßnahmen ersetzen. Sie wirken auf der feinstofflichen Ebene!

Wundern Sie sich bitte nicht, wenn Sie beispielsweise für einen Mann die „Menstruations-Symbole" austesten. Es geht auch hier wiederum nur um eine seelisch-emotionale Komponente zu seinem Problem. Und zwar um die Themen Angst vor „zu weiblichen Gefühlen"; Angst, sexuell verletzt zu werden; karmische Belastungen etc.

Wundern Sie sich bitte nicht, wenn etwa ein anderer Klient die „Warzen-Symbole" benötigt, und er noch nie in seinem Leben Warzen hatte. Hinterfragen Sie stattdessen gemeinsam mit ihm die Themen Abgrenzungsprobleme; eigene Schattenseiten sehen und spüren; harmlose, innere Konflikte; sich nutzlos, unausgelastet fühlen; „Fass mich nicht an!", usw.

...

Die Bezeichnung der Engel-Therapie-Symbole, wie etwa Lariel, Nanael, etc. besagen nicht, dass sie von Engeln mit diesen Namen energetisiert werden. Diese Namen wurden fiktiv ausgewählt und sind lediglich eine Zuordnungs- bzw. Unterscheidungsmöglichkeit zwischen den einzelnen Engel-Therapie-Symbolen. Engel-Therapie-Symbole werden immer von einer Gruppe von Engeln energetisiert, nicht von einem einzelnen Engel.

Zu den Engel-Therapie-Symbolen gibt es entsprechende Engel-Kombi-Öle und Engel-Kombi-Essenzen, die im Folgeband „Heilende Engelessenzen und Engelöle" beschrieben werden. Diese Essenzen und Öle werden entweder in Kombination mit den Engel-Therapie-Symbolen oder zwischen einzelnen Therapie-Behandlungen angewendet.

Engel-Therapie-Symbole No. 01 | LARIEL

Grundthema:	Krisensituationen körperlicher Art
Chakrenebene:	alle Chakren
Symbolfarben:	dunkelblau
Körperebene:	körperlicher Notfall
Affirmation:	Ich aktiviere die Selbstheilungskräfte meines Körpers.

Seelische Hintergrundthemen:

- Angst und Panik in Krankheits- und Unfallsituationen
- Schocks (auch weiter zurück liegende)
- Neigung zu Unfällen, Tendenz zu häufigem Erkranken
- immer wieder aus der inneren Mitte fallen
- Stagnation im Heilungsprozess

Die Engel-Therapie-Symbole helfen:

- sich gegen alle Arten von körperlichen Notfällen zu wappnen
- wiederkehrende Symptome auf der körperlichen Ebene zu lindern
- die Neigung zu Unfällen zu reduzieren
- den Weg ins Innere zu offenbaren
- sein Heil zu suchen und zu finden

Engel-Therapie-Symbole No. 02 | NANAEL

Grundthema:	Schock, Ohnmacht, Angst
Chakrenebene:	Solarplexus
Symbolfarben:	gelb-orange
Körper- / Emotionalebene:	Seelischer Notfall
Affirmation:	Ich kehre in meine innere Mitte zurück.

Seelische Hintergrundthemen:

- seelische Ausnahmezustände wie Schock, Panik, Verzweiflung, Hysterie
- seelische Instabilität
- Flucht in die Resignation
- seelische Belastung durch Krankheit, Todesfall
- Angst und Stress

Die Engel-Therapie-Symbole helfen:

- nach Schreck- / Schocksituationen zu beruhigen
- vor und nach Operationen emotionale Belastungen abzubauen
- nach Schocks die Seele wieder in den Körper „einzufädeln"
- Angst vor unangenehmen Situationen zu verringern
- Traumata aufzulösen
- den richtigen Weg (wieder)zufinden

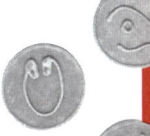

Engel-Therapie-Symbole No. 03 | HARIEL

Grundthema:	Schock- und Angstsituationen von Kindern
Chakrenebene:	alle Chakren
Symbolfarben:	diverse Pastellfarben
Körperliche Ebene:	Kinder-Notfälle
Besonderheit:	Engel-Aura-Essenz „Kinder-Beruhigung"
Affirmation:	Ich vertraue mich dem Leben an.

Seelische Hintergrundthemen:

- Schocks und Ängste, die auf die Kindheit zurückzuführen sind
- sich dem Leben nicht anpassen können
- mit unangenehmen Energien nicht zurechtkommen
- sich nicht verstanden fühlen
- zu wenig Geborgenheit bekommen

Die Engel-Therapie-Symbole helfen:

- Angst- und Schrecksituationen aufzulösen
- Schocks und Traumata aus der frühen Kindheit aufzuarbeiten
- Entwicklungsschritte (z.B. Trotzphase) zu erleichtern
- besser ein- oder durchzuschlafen
- die Arbeit mit dem „Inneren Kind" zu erleichtern

No. 3: sieben Symbole

Engel-Therapie-Symbole No. 04 | ANIEL

Grundthema:	energetische, emotionale und chemische Belastungen
Chakrenebene:	Herz-, Kehl- und Stirnchakra
Symbolfarben:	weiß-transparent
Körperebene:	Erkältung, Entgiftung, Entschlackung
Affirmation:	Ich befreie mich von allem, was nicht mehr zu mir gehört.

Seelische
Hintergrundthemen:

- die Nase voll haben, jemandem etwas husten…
- sich von Gedanken und Worten vergiftet fühlen
- dem Alltag entfliehen müssen
- sich für niemanden mehr erwärmen können
- Zerschlagenheit
- mit der Umwelt(belastung) nicht klarkommen

Die Engel-Therapie-
Symbole helfen:

- sich den notwendigen Raum zu verschaffen
- die eigene Beengtheit aufzulösen
- Stockendes wieder ins Fließen zu bringen
- Ballaststoffe und Giftstoffe auszuscheiden
- sich zu wehren

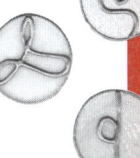

Engel-Therapie-Symbole No. 05 | RAHAEL

Grundthema:	kreisende Gedanken, Kopflastigkeit, Überintellekt, Stress
Chakrenebene:	Stirnchakra
Symbolfarben:	blau-violett
Körperebene:	Kopfschmerzen – Migräne
Affirmation:	Ich lasse meine Gedanken los und fühle nur.

Seelische Hintergrundthemen:

- nicht auf die (eigenen) Gefühle achten
- mit dem Kopf durch die Wand gehen wollen
- übertrieben ehrgeizig sein, aber auch: von Zweifeln gequält werden
- im Ego oder ständigen Zwiespalt leben
- seine Sexualität unterdrücken

Die Engel-Therapie-Symbole helfen:

- Machtspiele zu durchschauen
- sich nichts mehr um jeden Preis in den Kopf zu setzen
- sich vom Perfektionismus zu lösen
- Kränkungen nicht mehr zuzulassen
- den Durchblick zu bekommen
- „selbstgemachten" Stress zu erkennen

Engel-Therapie-Symbole No. 06 | RAMIEL

Grundthema:	mangelnde Willenskraft; Abhängigkeit von Personen
Chakrenebene:	Solarplexus
Symbolfarben:	gelb-orange
Körperlich-seelische Ebene:	Süchte – Abhängigkeiten
Affirmation:	Ich genüge mir selbst.

Seelische Hintergrundthemen:

- innere Leere kompensieren, indem man sich anderes / andere einverleibt
- Probleme auf andere projizieren
- von allen geliebt werden wollen
- den Erwartungen anderer immer nachkommen
- Illusionen nachhängen

Die Engel-Therapie-Symbole helfen:

- Vorhaben umzusetzen
- seinen Selbstwert zu verbessern
- Frustration zu- und loszulassen
- nicht alles (jeden) besitzen zu wollen
- Erfolge anderer schätzen zu lernen
- sich selber zu lieben
- von Abhängigkeiten loszukommen

Engel-Therapie-Symbole No. 07 | CARMIEL

Grundthema:	Abgeschlagenheit, Beengtheit
Chakrenebene:	Herz- und Kehlchakra
Symbolfarben:	grün-weiß
Körperlich Ebene:	Immunsystem
Affirmation:	Ich befreie mich von allen Begrenzungen.

Seelische Hintergrundthemen:

- permanente Abwehrhaltung
- Probleme anderer zu eigenen Problemen machen
- kontrollieren und kontrolliert werden
- sich Zwängen bzw. Dauerstress aussetzen
- Flucht vor dem Alltag
- die Aufmerksamkeit anderer erzwingen wollen

Die Engel-Therapie-Symbole helfen:

- „Nein" sagen zu lernen
- sich nicht alles / alle Probleme aufzubürden
- seine Grenzen zu erkennen und zu bewahren
- sich nicht einengen zu lassen
- Aufmerksamkeit nicht durch Krankheit zu erzwingen
- Überängstlichkeit aufzugeben
- zu mehr Lebensenergie zu gelangen

Engel-Therapie-Symbole No. 08 | ARMIEL

Grundthema:	Energieverlust durch „menschliche Energieräuber"
Chakrenebene:	Solarplexus
Symbolfarben:	gelb-orange
Körperliche Ebene:	Parasiten
Affirmation:	Ich gehe mit meinen Kräften sorgsam um.

Seelische Hintergrundthemen:

- übertriebene Selbstlosigkeit
- permanent „Grabstein" für andere sein
- sich selber nicht so wichtig fühlen
- die eigenen Probleme verdrängen
- karmische Verstrickungen

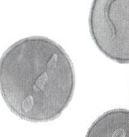

Die Engel-Therapie-Symbole helfen:

- zu erkennen, warum man selber so (un)wichtig sein möchte
- den eigenen Selbstwert zu hinterfragen
- nicht ständig seelischer Mülleimer anderer zu sein
- die Opferrolle aufzugeben
- sein Karma mit anderen zu klären

Engel-Therapie-Symbole No. 09 | SANIEL

Grundthema:	Ausgeliefert-Sein; Opfer-Rolle
Chakrenebene:	Solarplexus
Symbolfarben:	gelb-orange getupft
Körperlich-Seelische Ebene:	Pilze
Affirmation:	Ich weiß meine Grenzen zu wahren.

Seelische Hintergrundthemen:

- sich seiner Haut nicht wehren
- Altes / Verbrauchtes mit sich herumschleppen
- „abgestorbene" Emotionen nicht wahrhaben
- sich mit Fremdem, Neuem, Anderem nicht einlassen
- seelischen Müll nicht loslassen

Die Engel-Therapie-Symbole helfen:

- sich gegenüber Angriffen von außen zu wehren
- Vergangenes loszulassen – Neues zuzulassen
- die eigene Lebendigkeit besser zu fühlen
- sich mit Macht / Ohnmacht auseinander zu setzen
- deutlichere Grenzen zu ziehen

Engel-Therapie-Symbole No. 10 | NITHAEL

Grundthema:	Angst vor Veränderung; Abneigung gegen andere(s)
Chakrenebene:	Herzchakra
Symbolfarben:	grün
Körperlich-Seelische Ebene:	Allergien, Unverträglichkeiten
Affirmation:	Ich nehme Veränderungen freudig und dankbar an.

Seelische Hintergrundthemen:

- Allergien werden immer über die seelische Ebene ausgelöst: Meist sind es Schreck- oder Schocksituationen, und seien sie noch so unbedeutend. Aber auch durch Angst oder Stress können Allergien ausgelöst werden. Mehr darüber im Kapitel „Allergien ...“

Die Engel-Therapie-Symbole helfen:

- mehr Toleranz aufzubauen (auch gegenüber Nahrungsmitteln, Tierhaaren, Personen, Situationen, etc.)
- nichts zu verurteilen und zu bewerten
- besser ein- oder durchzuschlafen
- mit viel Liebe das Leben und die Menschen anzunehmen
- Vertrauen in das eigene Geschick / das Schicksal zu entwickeln

Engel-Therapie-Symbole No. 11 | LUNAEL

Grundthema:	Überlastung und Dauerstress
Chakrenebene:	Kehl- und Herzchakra
Symbolfarben:	grün
Körperliche Ebene:	Viren und Bakterien
Affirmation:	Ich bin stark und gesund.

Seelische Hintergrundthemen:

- mit seinen Kräften nicht haushalten
- sich selber zuviel zumuten
- Schwächen nicht zeigen
- sich dem Alltag entziehen
- sich in die kollektive Angst vor Grippewellen einklinken

Die Engel-Therapie-Symbole helfen:

- das Energieniveau / die Widerstandskraft zu heben
- sich von anderen nicht verunsichern zu lassen
- seinen Körper liebevoller zu behandeln
- sich gegen belastende Energien abzugrenzen
- bewusster zu leben, bewusster Pausen zu machen

Engel-Therapie-Symbole No. 12 | HAZIEL

Grundthema:	Energieblockaden und Energieverlust (Chakren)
Chakrenebene:	alle Chakren
Symbolfarben:	diverse Farben
Körperlich-energetische Ebene:	Chakren und deren zugeordnete Drüsen
Affirmation:	Ich nehme Lebensenergie auf.

Seelische Hintergrundthemen:

- sich mental oder emotional verschließen
- Stagnation und / oder Resignation
- sich dem Leben (un)bewusst verwehren
- nichts annehmen können / wollen
- die Lebensfreude verloren haben

Die Engel-Therapie-Symbole helfen:

- sich dem Leben wieder zu öffnen
- sich wieder lebendig zu fühlen
- sich neu aufzuladen und zu stärken
- Energieverluste wieder auszugleichen
- sich mit Freude dem Leben hinzugeben

Engel-Therapie-Symbole No. 13 | YELIEL

Grundthema:	Energieblockaden und Energieverlust (Meridiane)
Chakrenebene:	keine
Symbolfarben:	diverse Farben
Körperlich/energetische Ebene:	Meridiane
Affirmation:	Ich lasse die Lebensenergie durch mich fließen.

Seelische Hintergrundthemen:

- **Magen:** Ärger, Wut, Zorn, Unzufriedenheit, Ekel, Gier, Überlastung, Ohnmacht
- **Milz-Pankreas:** Trauer, Kummer, Freudlosigkeit, Zukunftsängste, Apathie
- **Herz:** Verletzung in Liebesangelegenheiten, Hass, Verschlossenheit, Hartherzigkeit
- **Dünndarm:** Traurigkeit, Sich-verlassen-Fühlen, Einsamkeit, Liebesentzug, Unsicherheit
- **Dickdarm:** Zynismus, Dogmatismus, Perfektionismus, Nicht-Loslassen, Schuld
- **Blase:** Ungeduld, Schamgefühl, Angst, Stress, Druck, Klammern, Kummer
- **Niere:** Angst, Furcht, sexuelle Unsicherheit, Richtungslosigkeit, Schuldgefühle
- **Dreifacher Erwärmer:** Schwere, Unbeweglichkeit, Depression, Unausgeglichenheit
- **Kreislauf-Sexus:** enttäuschte Liebe, mangelnde Nähe und Wärme, Eifersucht, Hass
- **Gallenblase:** Wut, Jähzorn, Ärger, Verbitterung, Reizbarkeit, Zorn, Aggressionen
- **Leber:** Unzufriedenheit, Verzweiflung, Zorn, Ärger, mangelnde Anerkennung
- **Lunge:** energetische Nicht-Abgrenzung, Sich-eingeengt-Fühlen, Überängstlichkeit

Die Engel-Therapie-Symbole helfen:

- Emotionen besser fließen zu lassen

Engel-Therapie-Symbole No. 14 | CORAEL

Grundthema:	Unter- bzw. Überenergie (Organe)
Chakrenebene:	keine
Symbolfarben:	diverse Farben
Körperliche/ energetische Ebene:	Organe, Organalarmpunkte und Fußreflexzonen I
Affirmation:	Ich liebe meinen Körper.

Seelische Hintergrundthemen:
(nach Dr. Ruediger Dahlke[3], siehe Literaturangaben):

- **Blase**: Druck aushalten, loslassen oder weitergeben
- **Dickdarm**: Geiz, Altes loslassen, Umgang mit der Materie
- **Dünndarm**: Existenzängste, Kritikfähigkeit, Analysieren
- **Gallenblase**: unterdrückte Aggressionen, Verbitterung, Abwehrhaltung
- **Herz**: verletzte Emotionen, zu wenig Liebe bekommen oder geben
- **Leber**: Stimmungsbarometer, Wertung, Aggressionen
- **Lunge**: zu wenig Zuwendung, Engegefühl, Freiheitsstreben, Stress
- **Magen**: Aufnahme, Hingabebereitschaft, geschluckte Emotionen
- **Milz**: Filtern und Speichern der Lebenskraft, Abwehr
- **Niere**: Gleichgewichts- und Partnerschaftsorgan

Die Engel-Therapie-Symbole helfen:

- belastende Emotionen, die den einzelnen Organen zugeordnet werden, loszulassen und aufzuarbeiten

Besonderheit: Wenn ein Organ energetisch belastet ist, mit Organ-Symbolen beginnen und dann mit spezifischen Symbolen, die auf das Hintergrundthema weisen, weiterarbeiten. Die Organ-Symbole werden direkt auf das Organ oder die entsprechende Fußreflexzone aufgelegt.

[3] Dahlke, Dr. med. Ruediger: Krankheit als Symbol. Handbuch der Psychosomatik, München 1996

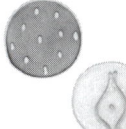

Engel-Therapie-Symbole No. 15 | RIHAEL

Grundthema:	Weiblichkeit und deren seelische Verletzungen
Chakrenebene:	Sexual- und Wurzelchakra
Symbolfarben:	lachsfarben-irisierend
Körperliche Ebene:	weibliche Sexualhormone
Affirmation:	Ich genieße meine Weiblichkeit.

Seelische Hintergrundthemen:
- Kind anstatt Frau sein wollen
- nichtaufgelöste Schocks
- sich nicht berühren lassen wollen
- niemanden zu nahe kommen lassen
- Probleme mit Homosexualität
- bei Männern: von der Mutter übernommene Ängste

Die Engel-Therapie-Symbole helfen:
- den eigenen Körper anzunehmen und zu lieben
- Freude am Frau-Sein / an der Weiblichkeit zu finden
- seelische Verletzungen in sexuellen Bereichen aufzulösen
- Ängste aus der vorgeburtlichen / frühkindlichen Zeit aufzulösen
- bei Männern: Angst vor / um Frauen abzubauen

Engel-Therapie-Symbole No. 16 | ROSAEL

Grundthema:	Angst vor dem weiblichen Körper; (un)bewusste Angst vor der weiblichen Kraft
Chakrenebene:	Sexual- und Wurzelchakra
Symbolfarben:	rot
Körperliche Ebene:	Menstruation
Affirmation:	Ich genieße es, eine Frau zu sein. Für Männer: Ich stehen zu den weiblichen Anteilen in mir.

Seelische Hintergrundthemen:
- Angst vor weiblichen Attributen
- Angst vor Schwangerschaft
- Angst vor „zu weiblichen Gefühlen"
- Angst, sexuell verletzt zu werden
- karmische Belastungen

Die Engel-Therapie-Symbole helfen:
- Angst vor ungewollter Schwangerschaft zu erkennen
- seelische Verletzungen im Frausein aufzulösen
- unterdrückte Aggressivität gegen Vater oder Mutter zu erlösen
- Menstruation als etwas Natürliches, Dazugehörendes zu empfinden
- das Frau-Sein zu entdecken und zu genießen

Besonderheit: Diese Symbole werden oft von Frauen benötigt, um sie in ihrer Rolle als Frau zu unterstützen und zu stärken! Besonders in schwierigen Lebenssituationen und Veränderungsprozessen.

Engel-Therapie-Symbole No. 17 | MURIEL

Grundthema:	Schwangerschaftsängste; Schwangerschaftsaufarbeitung
Chakrenebene:	Sexual- und Wurzelchakra
Symbolfarben:	rosa–weiß gefleckt
Körperliche Ebene:	Schwangerschaft
Affirmation:	Ich genieße das neue Leben (in mir).

Seelische Hintergrundthemen:

- Ängste der Mutter in der eigenen Schwangerschaft
- (un)bewusste Ablehnung der Mutterschaft
- (un)bewusste Abwehr gegen den Vater des Kindes
- Schwangerschaft und Lebensplanung passen nicht zusammen
- schwanger werden wollen um jeden Preis
- Angst, das Kind zu verlieren

Die Engel-Therapie-Symbole helfen:

- die eigene Schwangerschaft zu erlösen
- die Veränderungen des weiblichen Körpers / der eigenen Rolle / der veränderten Lebenssituation anzunehmen
- Fixierung auf das Wunschkind loszulassen
- die Schwangerschaft angstfrei zu erleben
- inkarnationsbereite Seelen einzuladen und anzuziehen

Engel-Therapie-Symbole No. 18 | VANIEL

Grundthema:	Geburtsängste; Geburtsaufarbeitung
Chakrenebene:	Sexual- und Wurzelchakra
Symbolfarben:	lachsfarben
Körperliche Ebene:	Geburt
Affirmation:	Ich sage „ja" zu meinem Leben.

Seelische Hintergrundthemen:

<small>(nach Dr. Ruediger Dahlke⁴, siehe Literaturangaben):</small>

- **Kaiserschnitt** — sich auf fremde Hilfe verlassen
- **Übertragung** — Weigerung, das Kind loszulassen; den Sprung ins Leben nicht wagen;
- **Nabelschnur** — um den Hals: das Kind mit Liebe ersticken; Autoaggression
- **Querlage** — Verweigerung, Trotz; darauf warten, befreit zu werden
- **Steißlage** — frühe Abkehr vom Leben; den Kopf in den Sand stecken, Protest; häufig bei Kindern, die nicht das Geschlecht haben, das sich die Eltern wünschen
- **Vorzeitige Wehen** — das Kind (unbewusst) loswerden wollen; voreiliges Vorpreschen des Kindes – Flucht
- **Vorzeitiger Blasensprung** — das Kind zu früh an die Luft setzen, ihm das Wasser des Lebens abgraben. Aber auch: Angst und Schmerzen vor und während der Geburt (für Mutter und Kind)

Die Engel-Therapie-Symbole helfen:
- die seelischen Hintergrundthemen (s.o.) aufzuarbeiten
- Die Ängste vor einer Geburt zu minimieren

Besonderheit: Für Rebirthing-Therapie besonders empfehlenswert!

<small>⁴ Dahlke, Dr. med. Ruediger: Krankheit als Symbol. Handbuch der Psychosomatik, München 1996</small>

Engel-Therapie-Symbole No. 19 | MYKAEL

Grundthema:	Ängste nach der Geburt
Chakrenebene:	Sexual- und Herzchakra, Solarplexus
Symbolfarben:	türkis-weiß gesprenkelt
Körperliche Ebene:	Wochenbett
Affirmation:	Ich genieße meine neue Rolle (als Mutter).

Seelische Hintergrundthemen:

- Mutterrolle nicht annehmen
- keinen eigenen Freiraum mehr haben
- Angst, nie wieder eine schlanke Frau zu sein
- sich als Partnerin nach der Geburt nicht mehr attraktiv fühlen
- Angst, das Kind an der Brust verhungern zu lassen

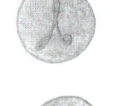

Die Engel-Therapie-Symbole helfen:

- in die neue Lebenssituation hineinzuwachsen
- die Bedürfnisse des Babys besser zu erfühlen
- sich trotz Kind nicht eingeengt und erdrückt zu fühlen
- den Übergang vom Frau-Sein zur Mutterschaft sanft zu erleben
- den Selbstwert als Partnerin zu behalten

Engel-Therapie-Symbole No. 20 | RAKAEL

Grundthema:	Start ins neue Leben
Chakrenebene:	alle Chakren
Symbolfarben:	perlmutt-pink
Körperliche Ebene:	Neugeborene
Affirmation:	Ich bejahe das Leben.

Seelische Hintergrundthemen:

- Platzangst, ausgelöst durch die Enge des Geburtskanals
- Angst vor dem Leben / Angst, zu leben
- Angst vor allem Neuen, Unbekannten
- Angst vor Schmerzen
- Gefühl, aus der Sicherheit gerissen zu werden

Die Engel-Therapie-Symbole helfen:

- mit Neuem vertraut zu machen
- von der feinstofflichen in die irdische Ebene zu wechseln
- den Geburtsschock und den Geburtsstress aufzulösen
- die Probleme der ersten Lebensmonate aufzuarbeiten
- den Platz in der Familie zu finden

Besonderheit: Hilft besonders sensitiven, „feinstofflichen" Kindern den Übergang von der geistigen Welt ins grobstoffliche Leben zu meistern.

Engel-Therapie-Symbole No. 21 | YERATHEL

Grundthema:	„Das Leben verdauen"
Chakrenebene:	Solarplexus
Symbolfarben:	Perlmutt-Flieder
Körperliche Ebene:	Neugeborenen-Koliken
Affirmation:	Ich nehme neue Erfahrungen an.

Seelische Hintergrundthemen:

- zu viel und zu schnell verdauen müssen
- Angst, den Anforderungen des Lebens / der Eltern nicht gerecht zu werden
- Probleme der Mutter nicht verdauen können
- Zuwendung erzwingen wollen

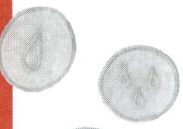

Die Engel-Therapie-Symbole helfen:

- neue Eindrücke besser zu verarbeiten
- sich den Umweltbedingungen leichter anzupassen
- Liebe nicht erzwingen zu müssen
- „emotional belastete" Muttermilch leichter zu verdauen

Besonderheit: Für besonders sensitive, „feinstoffliche" Kinder. Durch ihr Schreien wollen sie eigentlich Kontakt und Zuwendung, was aber oft als Hunger missverstanden wird. Daher kommen im Darm alle Stufen von angedauter, vor- und halbverdauter Milch zusammen. Das überfordert den Darm. Zusätzlich werden die Kinder oft nach einem bestimmten Plan gestillt (zeitlicher statt persönlicher Rhythmus).

Engel-Therapie-Symbole No. 22 | DORIEL

Grundthema:	Schulängste, Lampenfieber, lähmende Ängste
Chakrenebene:	Solarplexus
Symbolfarben:	gelb-orange
Körperliche Ebene:	Ängste und depressive Verstimmungen
Affirmation:	Ich lasse meine Ängste los.

Seelische Hintergrundthemen:

- unbewusste, diffuse Ängste
- Verzweiflung, Hoffnungslosigkeit
- nervöse Depression
- Einsamkeit; ganz allein im Leben stehen
- das Leben als Last empfinden

Die Engel-Therapie-Symbole helfen:

- Ängste während der Nacht (im Schlaf) sanft aufzuarbeiten
- Veränderungen im Leben besser zu begegnen
- schwierigen Situationen gelassener entgegenzusehen
- irrationale Ängste schrumpfen zu lassen
- lange zurückliegende Schocks aufzulösen

No. 22: sieben Symbole

Engel-Therapie-Symbole No. 23 | CANAEL

Grundthema:	Abgrenzung
Chakrenebene:	alle Chakren
Symbolfarben:	weiß
Körperliche Ebene:	Warzen
Affirmation:	Ich liebe mich so, wie ich bin.

Seelische Hintergrundthemen:

- Abgrenzungsprobleme
- mit eigenen Schattenseiten konfrontiert werden
- harmlose, innere Konflikte
- sich nutzlos, unausgelastet fühlen
- „Fass mich nicht an!"

Beachten Sie, auf welchen Körperzonen, Fußreflexzonen und Meridianen die Warzen liegen. Diese Zonen sagen viel über das Hintergrundthema aus!

Die Engel-Therapie-Symbole helfen:

- das Thema entsprechend der Körperzone zu bearbeiten

Engel-Therapie-Symbole No. 24 | SORAEL

Grundthema:	Energieverlust; Fremdenergien
Chakrenebene:	alle Chakren
Symbolfarben:	blau-violett
Körperliche Ebene:	Energetische Belastungen, Fremdenergien
Affirmation:	Ich bin geschützt vor Fremdenergien aller Art.

Seelische Hintergrundthemen:

- sich immer und um alles kümmern und jeden annehmen
- wie ein Schwamm alles Negative aufsaugen
- aber auch: an Verstorbenen festhalten
- mit Problemen anhaftender Seelen in Resonanz stehen
- Clearing-Medium sein (oft ohne es zu wissen)

Die Engel-Therapie-Symbole helfen:

- anhaftende Seelen ins Licht zu führen
- sich vor immer wiederkehrenden Fremdenergien zu schützen
- sich nicht als „energetischer Mülleimer" zur Verfügung zu stellen
- einen Verstorbenen ins Licht zu führen (Symbole auf Foto legen)
- Personen zu reinigen
  - von den energetischen Belastungen des Tages
  - nach Krankenhausaufenthalten
  - von negativen Energien anderer Menschen
  - nach Therapiesitzungen (auch den Therapieraum, Steine, etc.)
  - nach Besuchen in psychiatrischen Kliniken oder Friedhöfen

Besonderheit: Symbole bilden einen Lichtkanal, in dem die verhaftete Seele ins Licht geführt wird.

Engel-Therapie-Symbole No. 25 | CITHAEL

Grundthema:	Karmische Muster und Verstrickungen
Chakrenebene:	Solarplexus, Herzchakra; Schulterchakra
Symbolfarben:	magenta
Körperliche Ebene:	Karma
Affirmation:	Ich lege alte Rollen ab.

Seelische Hintergrundthemen:

- immer wiederkehrende Muster und Verhaltensweisen
- aus Problemen nichts lernen
- belastende Charaktereigenschaften
- Probleme in der Partnerschaft, in Beziehungen
- Schuldgefühle

Die Engel-Therapie-Symbole helfen:

- aus wiederkehrenden Mustern auszusteigen
- eine karmische Verstrickung zu lösen
- belastende, karmische Situationen zu erkennen und zu beenden
- selbsterrichtete Prinzipien und Dogmen loszulassen

Besonderheit: Wenn körperliche oder seelische Probleme aus früheren Inkarnationen herrühren, mit Karma-Symbolen beginnen und dann mit spezifischen Symbolen, die auf das Hintergrundthema weisen, weiterarbeiten. Sehr effiziente Unterstützung für Reinkarnationstherapie.

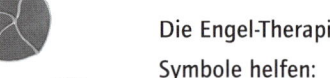

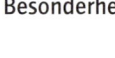

Engel-Therapie-Symbole No. 26 | NORAEL

Grundthema: Schock- und Angstsituationen von Babys und Kleinkindern
Chakrenebene: alle Chakren
Symbolfarben: Perlmutt-magenta
Körperliche Ebene: Baby- und Kleinkinder-Notfälle
Besonderheit: Engel-Aura-Essenz „Baby- und Kleinkinder-Beruhigung"
Affirmation: Ich nehme das Leben an.

Seelische Hintergrundthemen:
- Schocks und Ängste, entstanden in Schwangerschaft, Baby- und Kleinkindalter
- sich dem irdischen Leben nicht anpassen können
- mit unangenehmen Energien nicht zurechtkommen
- sich nicht verstanden, nicht geborgen oder ungeliebt fühlen
- wieder zurückwollen, wo man hergekommen ist

Die Engel-Therapie-Symbole helfen:
- Schocks und Traumata aus der Baby- und Kleinkindzeit aufzulösen
- Entwicklungsschritte (z.B. Trotzphase) zu unterstützen
- besser ein- oder durchzuschlafen
- Geborgenheit im Sein zu erlangen
- die Arbeit mit dem „Inneren Kind" zu unterstützen

Besonderheit: Hilft besonders sensitiven, „feinstofflichen" Kindern, den Übergang von der geistigen Welt ins grobstoffliche Leben zu meistern. Auch für Rebirthing bestens geeignet!

Engel-Therapie-Symbole No. 27 | SARIEL

Grundthema:	Starre, festgefahrene Prinzipien; Sturheit
Chakrenebene:	Stirnchakra
Symbolfarben:	blau-grün
Körperliche Ebene:	Knochen
Affirmation:	Ich erlaube mir nachzugeben.

Seelische
Hintergrundthemen:

- zu sehr an Normen / Regeln / Gesetzen festhalten
- sich ohne vorgegebene Strukturen verloren fühlen
- seinen Kopf um jeden Preis durchsetzen wollen
- emotionale Erstarrung, Unbeugsamkeit
- aber auch: Labilität

Die Engel-Therapie-
Symbole helfen:

- innere Zwänge und eigene Sturheit loszulassen
- zu innerer Festigkeit zu gelangen
- nach den eigenen, inneren Werten zu leben
- aufrichtig zu sein
- für etwas gerade zu stehen

Engel-Therapie-Symbole No. 28 | COSIEL

Grundthema:	Ungelebte, starke Emotionen
Chakrenebene:	alle Chakren
Symbolfarben:	türkis-weiß gefleckt
Körperliche Ebene:	Entzündung
Affirmation:	Ich lasse meine Gefühle frei fließen.

Seelische Hintergrundthemen:

- Hochdruck, Überenergien nicht kanalisieren
- zu starken Emotionen ausweichen wollen, flüchten
- Gefühle nicht leben
- Aggressionen nicht ausdrücken
- ungeklärte Situationen verdrängen
- grobstofflich gewordener Konflikt

Die Engel-Therapie-Symbole helfen:

- die Herausforderungen des Lebens anzunehmen
- auf innere Impulse zu achten
- Entscheidungen zu treffen; Meinungen kund zu tun
- alte Gewohnheiten über Bord zu werfen
- sich nicht alles gefallen zu lassen
- einen Entwicklungssprung zu machen

Besonderheit: In hartnäckigen Fällen mit Engel-Therapie-Symbolen No. 22 | Doriel oder Engel-Therapie-Symbolen No. 25 | Cithael beginnen und dann mit den Engel-Therapie-Symbolen No. 28 | Cosiel weiterarbeiten.

Engel-Therapie-Symbole No. 29 | RAZIEL

Grundthema:	Festhalten
Chakrenebene:	Wurzelchakra
Symbolfarben:	grün
Körperliche Ebene:	Hämorrhoiden
Affirmation:	Ich lasse los.

Seelische Hintergrundthemen:
- eine belastende Lebensweise führen, trotz besserem (inneren) Wissen
- gestaute Vitalität
- Autoritätskonflikte bis „unter die Gürtellinie"
- sich zu sehr unter Druck setzen
- Druck nicht bewältigen können

Die Engel-Therapie-Symbole helfen:
- die Lebensenergie wieder fließen zu lassen
- einen inneren „Knoten" zu lösen
- Probleme, Menschen und Situationen sein zu lassen
- großzügiger zu werden (in Gedanken und Taten)
- sich entspannen zu dürfen

Besonderheit: In hartnäckigen Fällen mit Engel-Therapie-Symbolen No. 22 | Doriel oder Engel-Therapie-Symbolen No. 25 | Cithael beginnen und dann mit Symbolen No. 29 | Raziel weiterarbeiten.

Engel-Therapie-Symbole No. 30 | SIRAEL

Grundthema:	Stagnation; Resignation
Chakrenebene:	Basischakra, Sexualchakra
Symbolfarben:	rot-weiß getupft
Körperliche Ebene:	Wechselbeschwerden
Affirmation:	Ich fließe mit dem Fluss des Lebens.

Seelische Hintergrundthemen:

- Angst vor dem Älterwerden
- Angst, etwas versäumt zu haben
- bisher zu wenig gelebte Sexualität
- sich gegen den Fluss des Lebens wehren
- Angst, von einem Lebensabschnitt in den nächsten zu wechseln

Die Engel-Therapie-Symbole helfen:

- die Weiblichkeit intensiver zu leben
- überholte Sichtweisen zu verändern
- sein Leben neu zu definieren
- Fruchtbarkeit anders zu leben – „geistige Kinder" in die Welt zu setzen
- innere und äußere Werte in Einklang zu bringen

Engel-Therapie-Symbole No. 31 | RISAEL

Grundthema: Nicht-hinsehen-Wollen
Chakrenebene: Stirnchakra
Symbolfarben: blau
Körperliche Ebene: Augen
Affirmation: Ich schaue der Wahrheit ins Gesicht.

Seelische Hintergrundthemen:
- einen eingeschränkten Gesichtskreis haben
- vor etwas die Augen verschließen
- auf jemanden oder etwas herabblicken
- das eigene Leben nicht betrachten wollen
- keine Lebensperspektiven haben

Die Engel-Therapie-Symbole helfen:
- das Problem genau wahrzunehmen
- bewusster im Hier und Jetzt zu leben
- die Wahrnehmung nach innen zu lenken
- seinen Blickwinkel zu erweitern
- differenzieren zu lernen

Engel-Therapie-Symbole No. 32 | SORIHAEL

Grundthema:	Ausgeliefert-Sein
Chakrenebene:	Solarplexus
Symbolfarben:	orange-gold
Körperliche Ebene:	Narkose
Affirmation:	Ich vertraue anderen und lasse mich fallen.

Seelische Hintergrundthemen:

- Angst, die Kontrolle abzugeben
- sich anderen ausliefern müssen
- Angst vor dem Tod
- Verdrängen der Themen Tod und Sterben

Die Engel-Therapie-Symbole helfen:

- sich fallen zu lassen
- sich mit dem Thema Tod auseinander zu setzen
- die Seele wieder ganz in den Körper „einzufädeln"
- Narkoseschäden aufzulösen

Engel-Therapie-Symbole No. 33 | CURIEL

Grundthema:	Seelische und körperliche Verletzungen
Chakrenebene:	alle Chakren
Symbolfarben:	hellviolett
Körperliche Ebene:	Operation – starke Schmerzen
Affirmation:	Ich glaube an meine Heilung.

Seelische Hintergrundthemen:

- Angst vor Schmerzen
- Angst vor (schwerer) Krankheit
- Angst vor Operationen
- Hoffnungslosigkeit
- Resignation
- Schicksal / Krankheit als Strafe betrachten

Die Engel-Therapie-Symbole helfen:

- vor und nach Operationen energetisch zu stabilisieren
- die Angst vor Operationen zu mindern
- die Angst vor schweren Krankheiten zu verringern
- das innere Gleichgewicht zu bewahren
- den Selbstheilungsprozess zu beschleunigen

Engel-Therapie-Symbole No. 34 | HORAEL

Grundthema: Schwere Süchte und Abhängigkeiten
Chakrenebene: Solarplexus
Symbolfarben: orange
Körperliche Ebene: Suchtkrankheit
Affirmation: Ich bin frei von Süchten.

Seelische
Hintergrundthemen:
- immer wieder in die gleichen Verhaltensmuster fallen
- Probleme unterdrücken
- mangelnde Willenskraft
- der Spielball anderer sein
- in eine Scheinwelt flüchten
- sich emotional betäuben wollen

Die Engel-Therapie-
Symbole helfen:
- die eigene Willenskraft zu stärken
- seine Abhängigkeit zu erkennen
- mentale Stärke aufzubauen
- Abstinenz zu unterstützen
- sich selbst zu lieben und anzunehmen

No. 34: sieben Symbole

Engel-Therapie-Symbole No. 35 | ALIEL

Grundthema:	Abortus-Ängste
Chakrenebene:	Sexualchakra
Symbolfarben:	lachs-orange
Körperliche Ebene:	Abortus
Affirmation:	Ich bewahre das Leben in mir.

Seelische Hintergrundthemen:

- (un)bewusste Ablehnung des Kindes / des Kindesvaters
- (un)bewusste Angst vor Schwangerschaft und Geburt
- von der Mutter übernommene Abortus-Ängste
- „Erfolgszwang" nach Abortus, wieder schwanger zu werden
- Flucht des Kindes aus einer zu schwierigen Situation

Die Engel-Therapie-Symbole helfen:

- die Abortus-Ängste der eigenen Mutter aufzuarbeiten
- die Angst vor Schwangerschaft und Geburt zu lösen
- einen erlittenen Abortus seelisch-mental aufzuarbeiten
- die „Flucht" des Kindes zu akzeptieren
- die Bereitschaft für eine Schwangerschaft zu erhöhen

Engel-Therapie-Symbole No. 36 | RUKIEL

Grundthema: Erstarrung
Chakrenebene: Wurzel- und Stirnchakra
Symbolfarben: grün
Körperliche Ebene: Gelenke
Affirmation: Ich befreie und reinige mich von inneren Zwängen.

Seelische Hintergrundthemen:
- sich auf etwas versteifen
- in Geiz und Neid stecken bleiben
- sich wegen jemandem / etwas verrenken
- den Bogen in einer Situation überspannen
- abgelagerte Emotionen auflösen

Die Engel-Therapie-Symbole helfen:
- Großzügigkeit zu leben
- Lebensfreude zu genießen
- neue Wege zu beschreiten
- mental beweglich zu bleiben
- Flexibilität zu lernen

Engel-Therapie-Symbole No. 37 | SONAEL

Grundthema:	Erhöhte Sensitivität
Chakrenebene:	alle Chakren
Symbolfarben:	transparent-gold
Körperlich/energetische Ebene:	Strahlungsschutz
Besonderheit:	Engel-Aura-Essenz „Strahlungsschutz"
Affirmation:	Ich bin vor äußeren Einflüssen geschützt.

Seelische Hintergrundthemen:

- sich nicht zur Wehr setzen
- sich ausgeliefert fühlen
- den Attacken anderer ausgesetzt sein
- sich in exponierter Lage fühlen

Die Engel-Therapie-Symbole helfen:

Unsere feinstofflichen Körper zu schützen vor:
- Satelliteneinstrahlung
- kosmischen Einstrahlungen
- Computerstrahlungen
- Röntgenstrahlen
- Ultraschall-, CT- und CTG-Belastungen

Zudem können sie von diesen Belastungen reinigen.

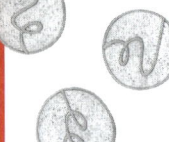

Engel-Therapie-Symbole No. 38 | LUCIEL

Grundthema:	Über- bzw. Unterenergie
Chakrenebene:	keine
Symbolfarben:	diverse Farben
Körperlich-energetische Ebene:	Organe, Organalarmpunkte und Fußreflexzonen II
Affirmation:	Ich liebe meinen Körper.

Seelische Hintergrundthemen:

- Zwölffingerdarm — (Selbst)kritik, (Selbst)zweifel, Über-Ehrgeiz, Kritiksucht
- Bauchspeicheldrüse — siehe Zwölffingerdarm
- Schilddrüse — unterdrückte, unverwirklichte Entwicklung; angelegtes Potenzial brachliegen lassen, von seinem Entwicklungsweg weit abgekommen sein
- Prostata — Sexualität nicht leben / zu wenig gelebt haben; Schuldgefühle im Zusammenhang mit Sexualität; Angst vor der zweiten Lebenshälfte
- Gebärmutter – Eierstöcke: Ablehnung der Weiblichkeit; Verletzungen im Bereich Sexualität; siehe auch Menstruation, Hormone
- Hypophyse — Steuerung der Hormone; Kontrolle (nicht) aufgeben
- Thymusdrüse — Abwehr, Schutz, Selbstverteidigung
- Nebennierenrinde — Stress

Die Engel-Therapie-Symbole helfen:
- belastende Emotionen, die den einzelnen Organen zugeordnet werden, loszulassen und aufzuarbeiten

Besonderheit: Wenn ein Organ energetisch belastet ist, mit Organ-Symbolen beginnen und dann mit spezifischen Symbolen, die auf das Hintergrundthema weisen, weiterarbeiten. Die Organ-Symbole werden direkt auf das Organ oder die entsprechende Fußreflexzone aufgelegt.

Engel-Therapie-Symbole No. 39 | RANIEL

Grundthema:	Körperliche und seelische Anspannung
Chakrenebene:	alle Chakren
Symbolfarben:	blau–glänzend
Körperliche Ebene:	Entspannung
Affirmation:	Ich lasse alle Anspannungen los.

Seelische
Hintergrundthemen:
- innere Unrast, Unruhe, Nervosität
- Unausgeglichenheit
- Anspannungen
- Konkurrenzkampf
- Erfolgszwang

Die Engel-Therapie-
Symbole helfen:
- in die eigene Mitte zu kommen
- sich Ruhe zu gönnen
- den Alltag hinter sich zu lassen
- innere Anspannungen aufzulösen
- Stress zu entschärfen

No. 39: sieben Symbole

Engel-Therapie-Symbole No. 40 | ARKIEL

Grundthema:	Antriebslosigkeit; Müdigkeit
Chakrenebene:	alle Chakren
Symbolfarben:	rot–glänzend
Körperliche Ebene:	Aktivierung
Affirmation:	Ich aktiviere meinen Körper.

Seelische
Hintergrundthemen:

- Antriebslosigkeit, Lustlosigkeit
- Burn-out-Syndrom
- mangelnde Motivation
- Faulheit und Bequemlichkeit
- Energieverlust durch Krankheit oder Operationen

Die Engel-Therapie-
Symbole helfen:

- sich körperlichen Raubbaus bewusst zu werden
- Energiedefizit nach Krankheit aufzufüllen
- den inneren Motor wieder anzukurbeln
- zu Kräften zu kommen
- sich aufzuraffen

Engel-Therapie-Symbole No. 41 | SOMIEL

Grundthema:	Irrationale Ängste
Chakrenebene:	Solarplexus, Herzchakra
Symbolfarben:	orange-gold
Körperliche Ebene:	Panikattacken
Affirmation:	Ich vertraue mich meinen Engeln an.

Seelische Hintergrundthemen:

- belastende Emotionen mit Gewalt unterdrücken
- Angst, die Kontrolle über sich zu verlieren
- Angst vor der Angst
- die Ursachen der Angst nicht erkennen
- sich hilflos und ausgeliefert fühlen

Die Engel-Therapie-Symbole helfen:

- beginnende Panikattacken abzuschwächen
- Beklemmungsgefühle aufzulösen
- Ängste zu erkennen und zu mildern
- die Angst vor dem Tod zu verlieren
- vergangene, verdrängte Panikattacken zu verarbeiten

Engel-Therapie-Symbole No. 42 | CORUEL

Grundthema:	Schutz vor „Energieräubern"
Chakrenebene:	Wurzelchakra
Symbolfarben:	rot
Körperliche Ebene:	Energetische Abgrenzung
Besonderheit:	Engel-Aura-Essenz „Energetische Abgrenzung"
Affirmation:	Ich bin geschützt vor Energieverlusten.

Seelische Hintergrundthemen:
- eine gute Seele sein
- in einer Opfer-Täter-Rolle das Opfer spielen
- seine Lebensenergie von anderen anzapfen lassen
- eine „übersoziale" Ader haben; Retter-Syndrom
- seine Lebensenergie unbewusst anderen anbieten
- mit-leiden statt mit-fühlen

Die Engel-Therapie-Symbole helfen:
- sich „Energieräubern" energetisch zu verschließen
- sich in therapeutischen Sitzungen energetisch abzugrenzen
- energetische Lecks zu schließen und Energie aufzufüllen
- sich vor schwierigen Lebenssituationen zu stärken
- sich vor Krankenhausaufenthalten energetisch abzudichten

Engel-Therapie-Symbole No. 43 | „Die 7 Nothelfer"

Grundthema:	Stagnation; Notfälle aller Art
Chakrenebene:	alle Chakren
Symbolfarben:	diverse Farben
Körperliche Ebene:	Therapieresistenz und Blockaden im Heilungsverlauf
Besonderheit:	Energetisches Notfall-Set (eventuell auch Reise-Set)
Affirmation:	Ich lasse Heilung zu.

Seelische Hintergrundthemen:

- Hilfe nicht annehmen können
- unbewusst nicht an Heilung glauben
- in alten Verhaltensmustern stecken bleiben
- schwere karmische Belastung
- innerliche Abwehr gegen alle Arten von Therapie

Die Engel-Therapie-Symbole helfen:

- hartnäckige Blockaden zu lösen
- bei allen Arten von Notfällen
- als Katalysator, wenn der Heilungsprozess stagniert
- bei Therapieresistenz
- Entwicklungsschritte besser zuzulassen

Die 7 Nothelfer:

Göttliche Kraft	Kraft, Stärke	dunkelrot
Uriel	Erdung, Zentrierung	orangerot
Chamuel	Vergebung	magenta
Raphael	Heilung	smaragdgrün
Engel für Entscheidungen und Neuorientierungen	Neuorientierung	hellgrün
Michael	Schutz	königsblau
Metatron	Ausgeglichenheit	weißgold

Besonderheit: Mit jedem beliebigen Engelsymbol kombinierbar (Verstärkung)!

Engel-Therapie-Symbole No. 44 | KORATHEL

Grundthema: Sich in Gedanken verlieren
Chakrenebene: Stirnchakra
Symbolfarben: grün-türkis
Körperliche Ebene: Konzentration
Besonderheit: Engel-Aura-Essenz „Konzentration"
Affirmation: Ich konzentriere mich auf das Wesentliche.

Seelische Hintergrundthemen:
- in eine Traumwelt flüchten
- Wesentliches von Unwesentlichem nicht unterscheiden können
- aus der Mitte gefallen sein
- sich selber nicht spüren
- Überlastung und Dauerstress

Die Engel-Therapie-Symbole helfen:
- Gedanken zu ordnen
- einen klaren Kopf zu bewahren
- Kopflastigkeit abzulegen
- kreisende Gedanken zu stoppen
- in seine Mitte zurückzukehren

Engel-Therapie-Symbole No. 45 | ZARIEL

Grundthema:	Selbstmitleid; mangelnde Selbstliebe
Chakrenebene:	Solarplexus
Symbolfarben:	gold-orange
Körperliche Ebene:	Depression
Affirmation:	Ich liebe mich selbst und werde geliebt.

Seelische Hintergrundthemen:

- unbewusst die Umwelt erpressen wollen
- im Selbstmitleid gefangen sein
- keine Lebensperspektiven besitzen
- sich im Stich gelassen fühlen
- das Leben verweigern

Die Engel-Therapie-Symbole helfen:

- hinter den selbsterrichteten Mauern hervorzukommen
- sich verstanden und geliebt zu fühlen
- das soziale Umfeld nicht mehr zu manipulieren
- Selbstverantwortung zu übernehmen
- seinen Lebensauftrag zu erkennen

Engel-Therapie-Symbole No. 46 | KONIEL

Grundthema:	Unterdrücken und unterdrückt werden
Chakrenebene:	Wurzelchakra
Symbolfarben:	dunkelrot–gold
Körperliche Ebene:	Blutdruck
Affirmation:	Ich befreie mich von allen Zwängen.

Seelische Hintergrundthemen:

- sich selber unter Erfolgszwang stellen
- Leistungen nur unter Zeitdruck erbringen können
- seinen Frust an anderen ausleben
- überperfekt sein wollen
- Aggressionen (gegen sich und andere) unterdrücken

Die Engel-Therapie-Symbole helfen:

- mehr Gelassenheit ins Leben zu bringen
- sich die Zeit besser einzuteilen
- sich seiner Aggressionen bewusst zu werden
- Überenergie zu kanalisieren
- Druck von anderen nicht zu übernehmen

No. 46, sieben Symbole

Engel-Therapie-Symbole No. 47 | ROTHAEL

Grundthema:	Durchsetzung; Umsetzung
Chakrenebene:	Wurzelchakra
Symbolfarben:	weiß
Körperliche Ebene:	Zähne
Affirmation:	Ich setze mich im Leben durch.

Seelische Hintergrundthemen:

- schwierigen Situationen ausweichen
- Herausforderungen nicht annehmen
- den Weg des geringsten Widerstandes gehen
- eine Sache nicht zu Ende führen
- keinen richtigen „Biss" haben

Die Engel-Therapie-Symbole helfen:

- das Durchhaltevermögen zu steigern
- sich in schwierigen Situationen durchzubeißen
- Ideen und Vorhaben in die Tat umzusetzen
- den eigenen Lebensplan zu leben
- Hindernisse zu überwinden

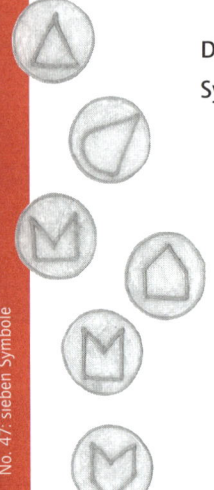

No. 47: sieben Symbole

Engel-Therapie-Symbole No. 48 | DARIEL

Grundthema:	Süße des Lebens
Chakrenebene:	Herzchakra, Solarplexus
Symbolfarben:	hellblau
Körperliche Ebene:	Diabetes
Affirmation:	Ich genieße das Leben und die Liebe.

Seelische Hintergrundthemen:
- im Leben auf vieles verzichtet haben
- auf sich selber völlig vergessen
- das Leben nicht genießen können
- fehlende Süße im Leben
- Angst vor der Liebe

Die Engel-Therapie-Symbole helfen:
- die angenehmen Seiten des Lebens zu entdecken
- sich den Wunsch nach Liebe einzugestehen
- sich für Liebe auf allen Ebenen zu öffnen
- unerlöste Ebenen der Liebe zu erlösen
- Nehmen und Geben zu lernen

Engel-Therapie-Symbole No. 49 | WISMAEL

Grundthema:	Etwas nicht verdauen können
Chakrenebene:	Solarplexus
Symbolfarben:	blassgelb–blassorange
Körperliche Ebene:	Enzyme
Affirmation:	Ich bewältige mein Leben mit Leichtigkeit.

Seelische
Hintergrundthemen:

- Probleme nicht verdauen können
- funktionieren anstatt zu leben
- Veränderungsprozesse hinauszögern
- alles hinterfragen und zerlegen
- sich von übertriebenem Ehrgeiz „auffressen lassen"

Die Engel-Therapie-
Symbole helfen:

- Probleme in kleine Portionen zu zerlegen
- sich Schritt für Schritt weiterzuentwickeln
- Ungesagtes nicht hinunterzuschlucken
- großzügiger zu sich selbst zu werden
- Veränderungen zuzulassen

No. 49: sieben Symbole

Engel-Therapie-Symbole No. 50 | VONIEL

Grundthema:	Festgefahrene Verhaltensmuster
Chakrenebene:	Scheitelchakra
Symbolfarben:	blassviolett
Körperliche Ebene:	Rheuma
Affirmation:	Ich übe mich in Toleranz.

Seelische Hintergrundthemen:

- festgefahrene Einstellungen
- Dogmatismus
- geistige Unbeweglichkeit
- zur Ruhe gezwungen werden
- in überholten Ansichten erstarrt sein

Die Engel-Therapie-Symbole helfen:

- sein Leben zu hinterfragen
- andere Meinungen gelten zu lassen
- toleranter zu werden
- seinen geistigen Horizont zu erweitern
- Neuem gegenüber aufgeschlossen zu sein

No. 50: sieben Symbole

Engel-Therapie-Symbole No. 51 | LITHAEL

Grundthema:	Abgrenzungsprobleme
Chakrenebene:	Wurzel- und Herzchakra
Symbolfarben:	grün-gold
Körperliche Ebene:	Haut
Affirmation:	Ich lasse das Leben an mich heran.

Seelische Hintergrundthemen:

- Angst vor zu viel Nähe / Angst berührt zu werden
- seine Grenzen nicht erkennen
- sich und andere einschränken
- bei Kindern: Angst, nicht angenommen zu werden
- sich im grobstofflichen Körper eingesperrt fühlen

Die Engel-Therapie-Symbole helfen:

- kontaktfreudiger zu werden
- andere Menschen nicht als Bedrohung zu empfinden
- Zärtlichkeit zu leben
- Probleme verbal auszudrücken
- lange Verdrängtes ins Bewusstsein zu holen

Engel-Therapie-Symbole No. 52 | BURIEL

Grundthema:	Freiheit; Weite, Großzügigkeit
Chakrenebene:	Herz- und Kehlchakra
Symbolfarben:	gelbgrün-weiß gefleckt
Körperliche Ebene:	Asthma
Affirmation:	Ich erkenne meine Begrenzungen.

Seelische Hintergrundthemen:
(nach Dr. Ruediger Dahlke, siehe Literaturangaben):

- Probleme im Nehmen und Geben
- Sich-verschließen-Wollen
- unterdrückte Aggressionen
- Dominanzanspruch und Kleinlichkeit
- Probleme mit Sexualität und Liebe

Die Engel-Therapie-Symbole helfen:

- einen Ausgleich zwischen Nehmen und Geben zu erfahren
- Offenheit und Ehrlichkeit zu leben
- Aggressionen in Worte zu kleiden
- sich durchzusetzen, ohne Macht auszuüben
- Sexualität und Liebe geben und annehmen zu lernen

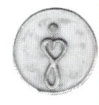

Engel-Therapie-Symbole No. 53 | MARIEL

Grundthema:	Anpassung; Selbstaufgabe
Chakrenebene:	Stirnchakra
Symbolfarben:	hellblau-weiß gefleckt
Körperliche Ebene:	Wetterfühligkeit
Affirmation:	Ich achte auf meine Bedürfnisse.

Seelische Hintergrundthemen:

- sich zu sehr an die Außenwelt anpassen
- sich unbewusst gegen Veränderungen wehren
- sich bis zur Selbstaufgabe aufopfern
- sich „mit dem Wind drehen"
- Wind steigert Aggressionen / Föhn nimmt Energie

Die Engel-Therapie-Symbole helfen:

- seine eigenen Standpunkte zu vertreten
- seine eigenen Bedürfnisse zu erkennen und zu leben
- seine Identität zu bewahren
- im Einklang mit der Umwelt zu leben
- geerdet zu sein

No. 53: sieben Symbole

Engel-Therapie-Symbole No. 54 | THORIEL

Grundthema:	„Etwas nicht hören wollen"
Chakrenebene:	Stirnchakra
Symbolfarben:	hellgelb
Körperliche Ebene:	Ohren
Affirmation:	Ich höre auf meine innere Stimme.

Seelische Hintergrundthemen:

- Dauer-Nörgler im Umfeld haben
- Lärmempfindlichkeit
- nicht zuhören wollen
- nicht auf die innere Stimme hören
- verstopft sein: Umwelteinflüsse nicht mehr verarbeiten können

Die Engel-Therapie-Symbole helfen:

- Wesentliches von Unwesentlichem zu unterscheiden
- der inneren Stimme zu vertrauen
- geduldig zuzuhören
- innerlich und äußerlich ruhiger zu werden
- den eigenen Standpunkt (laut) zu vertreten

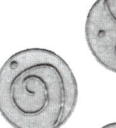

Engel-Therapie-Symbole No. 55 | LICAEL

Grundthema:	Selbstreinigungsprozess
Chakrenebene:	alle Chakren
Symbolfarben:	blassgrün getupft
Körperliche Ebene:	Lymphe
Affirmation:	Ich lasse alles los, was mir schadet.

Seelische Hintergrundthemen:

- emotional vergiftet sein
- Nicht-loslassen-Können
- in ständiger Abwehrbereitschaft leben
- versteckte Konflikte in sich tragen

Die Engel-Therapie-Symbole helfen:

- Altes und Verbrauchtes zu erkennen
- körperliche und seelische Giftstoffe loszulassen
- den Selbstreinigungsprozess zu unterstützen
- einen Neubeginn zu setzen
- frei von Belastungen zu werden

Engel-Therapie-Symbole No. 56 | NIRAEL

Grundthema:	Verletzungen in der Sexualität
Chakrenebene:	Sexual- und Herzchakra
Symbolfarben:	hell lachsfarben
Körperliche Ebene:	Sexualität
Affirmation:	Ich lasse meine Verletzungen los.

Seelische Hintergrundthemen:

- von Eltern übernommene negative Einstellung zur Sexualität
- Angst vor Sexualität
- als Sexobjekt behandelt werden / worden sein
- sexuelle Abhängigkeit mit Liebe verwechseln
- Abneigung gegen Sexualität

Die Engel-Therapie-Symbole helfen:

- eine belastende Einstellung zur Sexualität ins Positive zu verändern
- einen Schock nach sexueller Nötigung aufzulösen
- sich sexuell nicht benützen zu lassen
- Sexualität mit Liebe zu verbinden
- Hörigkeiten zu erkennen

Engel-Therapie-Symbole No. 57 | UTHAEL

Grundthema:	Veränderung; Entwicklung
Chakrenebene:	alle Chakren
Symbolfarben:	diverse Farben
Körperliche Ebene:	Pubertät
Affirmation:	Ich verändere mich in Liebe.

Seelische Hintergrundthemen:

- aus der Mitte gefallen sein
- die Orientierung verloren haben
- sich nicht wohl in seiner Haut fühlen
- einen neuen Platz in der Familie / Gesellschaft suchen
- auf der Suche nach sich selbst sein

Die Engel-Therapie-Symbole helfen:

- die eigene Pubertät aufzuarbeiten
- die innere Balance wiederherzustellen
- mit Pubertierenden besser zurechtzukommen
- sich von der „Raupe" zum „Schmetterling" zu entwickeln
- sich selbst zu lieben und anzunehmen

... aber auch: für Eltern, um mit Pubertierenden besser zurechtzukommen

Engel-Therapie-Symbole No. 58 | ERAEL

Grundthema:	Anspannung; Verkrampfung
Chakrenebene:	Solarplexus
Symbolfarben:	lachsrosa
Körperliche Ebene:	Muskulatur
Affirmation:	Ich lasse alle Verkrampfungen los.

Seelische Hintergrundthemen:
- übertriebener Ehrgeiz
- an Selbstüberschätzung leiden
- angespannte Lebenssituation ertragen
- innerlich und äußerlich verkrampft sein
- sich nur mehr treiben lassen

Die Engel-Therapie-Symbole helfen:
- die eigenen Fähigkeiten richtig einzuschätzen
- leiser zu treten
- für Änderungen der Lebenssituation bereit zu sein
- sich innerlich und äußerlich zu entspannen
- für geistige und seelische Bewegung zu motivieren

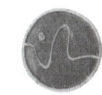

Engel-Therapie-Symbole No. 59 | ISMAEL

Grundthema:	Hilfe in Übergangssituationen
Chakrenebene:	alle Chakren
Symbolfarben:	violett-blau-gold
Körperliche Ebene:	Sterbebegleitung
Affirmation:	Ich lasse alles los und vertraue.

Seelische Hintergrundthemen:

- Angst vor tiefgreifenden Veränderungen
- Angst vor der Ungewissheit
- mit aller Macht am Leben bleiben wollen
- die Themen Tod und Sterben verdrängen
- Angst vor dem Tod

Die Engel-Therapie-Symbole helfen:

- in schwierigen Übergangssituationen angstfrei zu bleiben
- ein tiefes Vertrauen zu entwickeln
- der Engelwelt gewahr zu werden
- Sterbenden und Angehörigen: gegenseitig loszulassen
- dem Übergang beruhigt entgegenzusehen

No. 59: sieben Symbole

Fallbeispiele und Besonderheiten TEIL V

Warum Allergien für mich (k)ein Thema mehr sind ...

Wer mich kennt, weiß, dass ich mich in den letzten Jahren auf Allergien spezialisiert habe. Das heißt, ich habe Hunderte von Klienten begleitet auf ihrem recht mühsamen Weg der Selbsterkenntnis und des Gesundwerdens, Tausende Allergien neutralisiert.

Warum mühsam? Gerade bei Allergikern ist der Genesungsprozess ein langwieriger. Unter ihnen ist die Rate der Therapieresistenz am höchsten. Zudem fallen viele wieder in ihr altes Verhaltensmuster zurück, da sie nicht bereit sind, an sich weiterzuarbeiten.

Da aber Allergien so überhand nahmen und immer noch nehmen, haben sich die Engel ganz speziell dieser Sache angenommen. Wenn man bedenkt, dass bereits Säuglinge mit Allergien auf die Welt kommen, kann ich nur sagen: Danke, liebe Engel, für die Engelsymbole. Oder sind es nicht doch die Eltern, die ein Problem in sich tragen, und der Säugling spiegelt es ihnen durch seine Allergien wider? Denken Sie bitte einmal darüber nach!!!

Wir haben zusammengearbeitet, meine Engel und ich. So durfte ich meine Erfahrungen machen, und nun haben sie mir empfohlen, dieses Wissen unverkürzt weiterzugeben. Wirklich: Was Sie in Folge nun lesen, entspricht 1:1 meinem eigenen Wissensstand und Erfahrungswerten aus den vergangenen sieben „Allergie-Jahren". Und nun gebe ich dies alles an Sie weiter. Warum wohl? Erraten – ich soll mich hiermit freispielen. Neue Abenteuer warten... die Engel haben es so bestimmt. Schon vor zwei Jahren hat mir mein Engel gesagt, dass mein Weg weg von den Therapie-Sitzungen führen wird. Fairerweise möchte ich dies an dieser Stelle ankündigen.

Wir (die Engel und ich) lassen Sie aber nicht im Stich. Hiermit geben wir die genaue Anleitung, wie eine Allergie-Neutralisierung selbstständig und unproblematisch auch zu Hause durchzuführen ist. Was Ihren Heilungsprozess eventuell behindern könnte, das können nur Sie selbst verändern.

Klingt das ein bisschen danach, als würde ich mir jetzt willigere Patienten suchen? Menschen, die sich „leichter" heilen lassen? Weit gefehlt.

Es ist nur so – die Engel haben schon wieder etwas mit mir vor. Was, haben sie allerdings noch nicht verraten. Aus Erfahrung weiß ich aber auch, dass die Anforderungen an mich steigen werden...

Soweit zum Thema „einfacher"...
Doch vorher noch ein letztes Mal – in medias res.

Allergien und deren Neutralisierung

Für die Entstehung und das Auftreten von Allergien sind in den meisten Fällen Auslöser auf der emotionalen Ebene (Schocks, Ängste, Stress) verantwortlich. Es ist deshalb sinnvoll, vor einer Allergie-Behandlung das Verhältnis Allergie/Unverträglichkeit zur seelischen Komponente festzustellen. Liegt es z. B. bei 90:10, ist eine Allergie einfach zu neutralisieren.

Liegt es jedoch bei 50:50, ist es angebracht, vor dem Beginn einer Allergiebehandlung die seelische Ebene näher zu durchleuchten und sie eventuell mit Engelessenzen, Bachblüten, etc. „vorzubehandeln".

Mit Hilfe der Engelsymbole No. 10 | Nithael lassen sich Unverträglichkeiten einfach, rasch und dauerhaft neutralisieren. Wichtig ist, dass in hartnäckigen Fällen nicht nur Allergien neutralisiert werden, sondern danach auf der emotionalen Ebene weitergearbeitet wird. Das kann mit Hilfe von Engel-Symbolen, aber auch mit Engel-Essenzen oder sonstigen therapeutischen Hilfsmitteln geschehen.

In besonders hartnäckigen Fällen ist es empfehlenswert, die Allergiearbeit mit den Allergie-Engelsymbolen zu wiederholen bzw. als Präventivmaßnahme, z. B. vor Beginn der Pollenzeit, durchzuführen. Auch die Anwendung der Engel-Kombi-Essenz No. 10 | Nithael verringert die Allergieneigung.

Sollte es sich um schwere Nahrungsmittel-Unverträglichkeiten handeln, sollten Sie gegebenenfalls vorher noch abklären lassen, ob nicht der Verdauungstrakt bereits entzündet oder von schweren Pilz-Invasionen befallen ist. In diesem Fall könnte die Arbeit mit den Engel-Therapie-Symbolen alleine nicht ausreichend sein.

Manchmal ist es sinnvoll, die Neutralisierung mit Massage, Grinberg-, Cranio Fluid Dynamics oder anderen Alternativmethoden zu kombinieren. Oder umgekehrt: In Atemtherapie-Sitzungen oder kinesiologischen Sitzungen können Allergien mit Hilfe der aufgelegten Symbole sehr effizient „mitbehandelt" werden.

Es gibt zwei Arten, Allergien exakt auszutesten. Gibt es bereits triftige Verdachtsmomente, vermutete Allergene also, sollte der Klient die betreffenden Lebensmittel oder Objekte mitnehmen, damit man sie vor Ort austesten kann. Dafür genügen beispielsweise ein paar Katzenhaare. Ich habe schon erlebt, dass Klienten mit ganzen Haarbüscheln ihrer Katze anmarschiert kamen, sodass ich schon fürchtete, dass diese vorher kahl geschoren wurde ...

Bei Katzen- und Hundehaar-Allergien konnte ich auch feststellen, dass die Intensität der Allergie oft davon abhängt, ob es sich um ein Weibchen oder ein Männchen handelte. Selbst zwischen kastriert und nicht kastriert gab es in der allergischen Reaktion des Besitzers noch Unterschiede. Gibt es keinen eindeutigen Verursacher bzw. geht man von mehreren Allergien gleichzeitig aus, kann man anhand der beigefügten Testliste (Checkliste IV im Anhang und auf meiner Homepage) austesten, welche Allergien der Körper anzeigt. Bei ca. 400 aufgelisteten Allergenen ist es keine Seltenheit, wenn man dabei auf 30 bis 40 Allergien kommt! Zwar werden nicht alle gleich intensiv belastend sein, trotzdem muss man alle Allergene erfassen und neutralisieren – nur dann wird eine Besserung beim Klienten eintreten. Dabei können mehrere Allergene zusammengefasst werden.

Allergie-Auslöser

Wichtig für die Allergie-Arbeit ist zu wissen, wer oder was im emotionalen Bereich immer wieder Allergien auslöst. Es kann sein, dass Sie dieses Thema mit Hilfe der Allergie-Symbole, aber auch in Kombination mit anderen Symbolen so lange bearbeiten müssen, bis der Körper auf diese Emotionen neutral reagiert. Die wichtigsten Allergie-Auslöser auf der emotionalen Ebene sind: **vorgeburtliche Belastungen – Geburt – Impfungen – Krankheit – Unfall / Schock – Todesfall – Narkose – Stress – Scheidung – Existenzängste – Ablehnung von bestehenden Lebenssituationen und / oder bestimmten Personen.**

Die Neutralisierung

Bevor ich Ihnen die Praxis zeige, möchte ich nochmals betonen, dass die Neutralisierung von Allergien sehr wirksam mit Hilfe der Engel-Symbole erfolgen kann. Vor allem bei einfachen Allergien und bei Klienten, die wirklich etwas ändern wollen und entsprechendes Engagement zeigen, können Sie sich innerlich zurücklehnen und auf die Kraft der Symbole bauen! Wichtig ist nur, dass Sie wissen, wie lange und wo (meist auf Thymusdrüse oder Nabel) das Symbol am Körper platziert werden soll. Der weitere Vorgang ist recht einfach:

Der Klient setzt oder legt sich bequem hin und legt die mitgebrachten Allergene (ich spreche jetzt von der Mehrzahl, da dies die Realität ist) auf seinen Körper. Dafür muss sie der Klient natürlich vorher gesammelt haben – also einen Einsatz erbracht und sich bewusst mit den Dingen beschäftigt haben, die ihn allergisch machen. Allergene sind z.B. Katzenhaare, Nahrungsmittel, Staub (auf ein Klebeband geklebt), Parfums usw.

Dann beginnen Sie wie gewohnt zu arbeiten, z. B. mit Fußreflexzonenmassage, Reiki, Kinesiologie, oder was auch immer Ihre Therapieform ist. Sie können die emotionale Belastung des Klienten zum Hauptthema Ihrer Sitzung machen und diese entstressen.

In den meisten Fällen genügt bereits das Auflegen von Symbol und Allergenen. Nach der ausgetesteten Zeit wird überprüft, ob die Allergie bereits neutralisiert ist. In der ersten Behandlung würde ich jedoch nicht mehr als fünf Allergene gleichzeitig behandeln.

Sofern das Allergen ein Nahrungsmittel ist und während der Allergie-Arbeit am Körper des Klienten angebracht war, muss dieses nach der Sitzung unbedingt entsorgt und darf keinesfalls gegessen werden! Sollten Sie Textil-Allergien neutralisiert haben, sind die Kleidungsstücke vor dem nächsten Tragen unbedingt zu waschen.

Abstinenz einhalten!
Nach dem Allergie-Neutralisieren muss ausgetestet werden, wie lange der Klient mit dem Allergen nicht in Kontakt kommen darf. Erfahrungsgemäß handelt es sich dabei um eine Zeitspanne von einigen Tagen bis zu sechs Wochen. Wurde z. B. eine Milchallergie neutralisiert, darf der Klient in der ermittelten Zeitspanne keine Milch trinken bzw. keine Milchprodukte essen.

In schwerwiegenden Fällen muss man sogar auf „versteckte Milch" in Nahrungsmitteln aufpassen (oder z. B. auf Zucker im Ketchup). Wichtig ist, dass Sie herausfinden, wie lange diese Pausen sein sollen. Diese Zeit ist die Verarbeitungszeit – so lange braucht der Körper, bis das Immunsystem soweit stabilisiert ist, dass er die Allergene wieder verträgt. In den meisten Fällen sind das sechs Wochen, es können aber auch einige Monate sein. In dieser Zeit darf der Klient zwar mit dem Allergen wieder in Kontakt kommen, soll aber noch sehr vorsichtig sein (anfangs nur geringe Mengen zu sich nehmen, allmählich steigern).

Wiederauftauchen einer Allergie
Am Ende der Allergieneutralisierung, spätestens aber nach Ablauf der Verarbeitungszeit ist auszutesten, ob der Stabilisierungsvorgang noch einmal wiederholt werden muss. In hartnäckigen Fällen ist das manchmal der Fall. Ansonsten ist die Allergie dauerhaft neutralisiert. Manchmal kommt es vor, dass eine Allergieneutralisierung nicht das gewünschte Resultat erbringt. Dafür gibt es verschiedene Gründe:

- Mangelnde Bereitschaft zur Heilung – wenn der Wunsch nach Heilung unter 85 % liegt, ist der Erfolg jeder therapeutischen Sitzung von vornherein in Frage zu stellen. Manchmal helfen auch Essenzen zur Vorbereitung auf eine optimale Sitzung.

- Abstinenz wurde nicht ausreichend eingehalten: Kommt der Klient mit den neutralisierten Allergenen zu früh in Kontakt, kann die Wirkung der Sitzung abgeschwächt, in manchen Fällen sogar aufgehoben werden. Dass man dem Hausstaub nicht ausweichen kann, ist klar. Man sollte aber nicht gerade nach einer Sitzung staubwischen oder den Keller aufräumen.

- Seelischer Auslöser: Der häufigste Grund für ein Wiederaufflackern einer Allergie ist auf der seelischen Ebene zu finden. Stress, Ärger, Angst lösen oft eine neuerliche allergische Reaktion aus. Was aber vordergründig wie eine Allergie aussieht, ist in Wirklichkeit eine seelische Belastung, die sich über ein Allergie-Symptom Ausdruck verschafft. In den meisten Fällen genügt es, wenn man mit Essenzen arbeitet. In seltenen Fällen sollte noch einmal mit einem Allergie-Symbol gearbeitet werden. Besonders „hartnäckige" Klienten sollten zu Hause durchaus nach Anweisungen des Therapeuten selbstständig mit einem Allergie-Symbol weiter arbeiten.

- „Konsumverhalten" des Klienten

- Sonstige schwerwiegende körperliche Ursachen, wie entzündeter Verdauungstrakt, hartnäckige Pilzerkrankungen etc.

Fehlerquellen in der Allergie-Arbeit
- Allergene wurden falsch ermittelt
- die falschen Symbole verwendet
- oder zu kurz am Körper aufgelegt –
  oder auf die falsche Körperstelle
- Wiederholung ist erforderlich – siehe oben
- Klient lehnt unbewusst Genesungsprozess ab
- zu viele Allergene gleichzeitig bearbeitet

Medizinischer Nachweis einer neutralisierten Allergie
In meiner Praxis ist es immer wieder vorgekommen, dass Klienten mit Hilfe medizinischer Testmethoden versucht haben, den Erfolg der Allergiearbeit zu kontrollieren. In einigen Fällen konnte das Verschwinden der Allergie tatsächlich medizinisch nachgewiesen werden. In anderen Fällen wiederum waren die Allergien im Blut des Klienten noch nachweisbar, dennoch waren die allergischen Reaktionen verschwunden. Je länger das Entstehen von Allergien zurückliegt, desto länger sind sie auch im Blut nachweisbar, wie mir eine Ganzheits-Medizinerin erklärte. Oft noch nach einem Jahr! Meist genügt jedoch die emotionale Neutralisierung in Kombination mit den Engel-Symbolen, und die Allergien machen keine Probleme mehr.

Und hier ein optimaler Ablauf einer Allergie-Sitzung

Nun möchte ich Ihnen eine „Muster"-Behandlung vorstellen, weil ich weiß, dass sich gerade am Anfang manche Fehler einschleichen, die den Behandlungserfolg verzögern. Wenn Sie sich also an diese Vorgehensweise halten, kann eigentlich nichts mehr schief gehen:

Vor einer möglichen Behandlung testen Sie mit dem Muskeltest, Biotensor oder Pendel aus:

- die Bereitschaft des Klienten (mindestens 85 % erforderlich)
- das Verhältnis allergische Belastung : seelische Belastung (% : %)
- Allergene laut Checkliste IV
- Intensität der Allergien (sehr stark – stark – mittelstark – weniger stark – schwach)
- Sind die Allergien einzeln, hintereinander oder in Gruppen (z. B. alle Steinobstsorten) zu neutralisieren?

Beim Vorgang der Neutralisierung beantworten Sie bitte folgende Fragen:

- Mit wie vielen und welchen Symbolen soll gearbeitet werden?
- Sollen die Symbole gleichzeitig (In welcher Kombination?) – oder hintereinander (In welcher Reihenfolge?) verwendet werden?
- Wo am Körper wird das Symbol aufgelegt (Thymus, Nabel, etc.)?
- Wo wird das Allergen aufgelegt (meist am Nabel)?
- Wie lange muss das Allergen am Körper bleiben (5 min – 10 min – 30 min – ganze Sitzung)?
- Wenn das Allergen abgenommen wird: Muss das Symbol noch am Körper bleiben?
- Wie lange (Minuten – Stunden – Tage)?

Wichtig – und ein eigener Vorgang – ist das Nachtesten: Hat alles geklappt?

- Entfernen Sie das Symbol und die Allergene und testen Sie mit Muskeltest, Biotensor, Pendel etc., ob der Körper auf das neutralisierte Allergen stabil reagiert.

Nach der Sitzung gibt es noch weitere wesentliche Dinge, die Sie eruieren müssen:

- Wie lange muss das Allergen gemieden werden (Tage – Wochen)? Absolute Abstinenz?
- Wie lange dauert insgesamt die

Verarbeitungszeit (Wochen)?
- Muss der Neutralisierungsvorgang für das bereits bearbeitete Allergen wiederholt werden (wie oft, Abstand dazwischen)?
- Wann darf die nächste Sitzung für die verbleibenden Allergien **frühestens** stattfinden?
- Braucht der Klient das Symbol noch einige Zeit am Körper (Minuten, Stunden, Tage)?
- Braucht der Klient für zu Hause noch etwas zur Nachbearbeitung (Engel-Kombi-Essenz oder Engel-Kombi-Öl No. 10 | Nithael oder No. 43 | Loriel „Die sieben Nothelfer")?
- Zu wieviel % hat der Klient die Sitzung angenommen (sollte mindestens 90 % sein)?

Alles klar?

Hier noch einmal der Ablauf einer Allergie-Sitzung anhand eines Fallbeispiels:

Sabine Maier kommt zu Ihnen. Sie hat Allergieprobleme. Sobald sie eine Katze anfasst, jucken ihre Augen, auch beim Staubwischen tränen sie. Außerdem ist sie oft müde.

In einem Erstgespräch haben Sie bereits festgestellt, dass Sabine allergisch ist. Anhand der beigefügten Allergie-Tabelle haben Sie auch schon die Bösewichte festgestellt: insgesamt 25 Allergene! Und in der ersten Allergie-Sitzung werden Sie den wichtigsten fünf zu Leibe rücken: den Katzenhaaren, der Milch, dem Weizenmehl, dem Hausstaub und dem Beifuß. Sie haben auch schon festgestellt, wie stark die Allergien sind: Katzenhaare, 2 – stark; Milch, 1 – sehr stark, usw. (siehe Checkliste).

Sabines innere Bereitschaft, sich auf diese Behandlung voll und ganz einzulassen, sowie ihre Lebensgewohnheiten, Verhaltensmuster und emotionalen Belastungen ehrlich anzuschauen und aufzuarbeiten, liegt bei 87 %. Das klingt zwar viel, könnte aber idealerweise noch besser sein. Man wird ja sehen, wieweit sie sich noch öffnen wird.

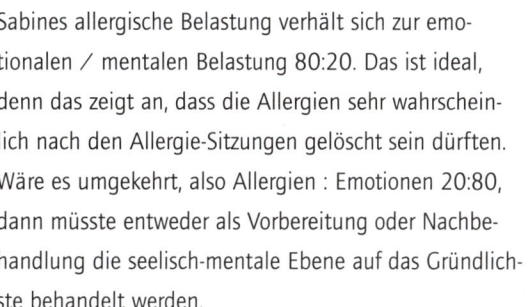

Sabines allergische Belastung verhält sich zur emotionalen / mentalen Belastung 80:20. Das ist ideal, denn das zeigt an, dass die Allergien sehr wahrscheinlich nach den Allergie-Sitzungen gelöscht sein dürften. Wäre es umgekehrt, also Allergien : Emotionen 20:80, dann müsste entweder als Vorbereitung oder Nachbehandlung die seelisch-mentale Ebene auf das Gründlichste behandelt werden.

Sie haben Sabine gebeten, fünf Allergene in die Behandlung mitzubringen: Ein paar Katzenhaare genügen, ebenso ein wenig Staub auf einem Klebestreifen, ein paar Tropfen Milch, ein Teelöffel Mehl und ein Teelöffel Beifuß (oder die Pflanze selbst).

Die Auslöser für Sabines Allergien liegen weit zurück. In ihrem zweiten Lebensjahr musste sie ins Krankenhaus. Ihre Mutter konnte sie nicht begleiten und sie litt unter schrecklichen Verlassenheitsängsten. Auch jetzt noch sind Abschieds- und Trennungssituationen traumatisch für sie. Dieses Thema wird in Sabines Bewusstsein geholt, bevor Sie mit ihr zu arbeiten beginnen.

Sie testen nun aus, wieviele Allergie-Symbole nun verwendet werden. Es sind 5 Stück. Dann testen Sie weiter, ob Sie noch zusätzliche Symbole benötigen. Ja, in Sabines Fall benötigen Sie noch 2 Stück, und zwar aus dem Baby- und Kleinkinder-Notfall-Set. Kein Wunder! Liegt der Auslöser doch in Sabines Kleinkindalter.

Aus dem Allergie-Set testen Sie nun aus, welche 5 Allergie-Symbole Sie für Ihre Arbeit benötigen. Immerhin gibt es ja 7 Stück. Danach testen Sie die richtigen 2 Symbole aus dem Baby- und Kleinkinder-Notfall-Set für Ihre heutige Sitzung aus.

Weiteres Austesten ergibt, dass die von Sabine mitgebrachten Allergene auf den Solarplexus und die Symbole auf die Thymusdrüse gelegt werden. Und zwar für mindestens 50 Minuten – egal, wie lange Ihre Behandlung dauert.

Nun kann es losgehen. Sie arbeiten mit Sabine in der Form, wie Sie sonst arbeiten würden. Also mit Fußreflexzonen-Massage, Reiki, Kinesiologie, Grinberg-Methode, etc. Oder – falls Sie kein Therapeut sind – legen Sie leise Musik auf und lassen Sabine 50 Minuten entspannen. Wenn Sie ohne Therapie mit den Allergie-Symbolen arbeiten, könnte es sein, dass Sabine die Symbole und Allergene beispielsweise 80 Minuten tragen muss. Also bitte nachtesten!

Nach der Sitzung testen Sie, ob die Allergien auch wirklich zu 100 % neutralisiert sind und wie lange Sabine die 5 Allergene meiden muss: Katze streicheln – 10 Tage verboten, Milch und Milchprodukte sind 30 Tage verboten, etc. Dem Hausstaub kann sie nicht entkommen, doch sollte sie mindestens 7 Tage nicht selbst staubwischen oder den Dachboden entrümpeln.

Sabines Verarbeitungszeit beträgt insgesamt 6 Wochen. In dieser Zeit kann sie – nach Ablauf der Abstinenzzeit – allmählich wieder beginnen, sich mit den Allergenen anzufreunden. Das heißt, nach und nach die Katze wieder berühren, ab und zu ein wenig Milch trinken usw. Aber bitte nichts übertreiben! Nicht alle Allergene gleichzeitig ausprobieren!

Als Unterstützung für zu Hause ergibt Ihr Testen, dass das Kombi-Öl No. 10 | Nithael Sabine gute Dienste leisten würde.

Nach Ablauf der Verarbeitungszeit kann die nächste Allergie-Sitzung erfolgen. Da das Austesten ergeben hat, dass die erste Sitzung nicht wiederholt werden muss, werden die Allergene für die Folgesitzung ermittelt.

Engel-Kombi-Öle
werden direkt am Körper aufgetragen. Für Massagen, Chakren- und Meridianarbeit während therapeutischer Sitzungen bzw. für den Klienten zu Hause. Unterstützt alle Arten von therapeutischen Behandlungen.

Checkliste 5

Allergiesitzung

Klient: Sabine Maier
Innere Bereitschaft: 87 %
Verhältnis *allergische* Belastung : *emotionale* / mentale Belastung: 80% : 20%.
Wie viele Allergene dürfen in dieser Sitzung gelöscht werden? 5
Allergene und deren Intensität*) Katzenhaare – 2, Milch – 1, Weizenmehl – 3,
     Hausstaub – 2, Beifuss – 3
Auslöser auf der seelischen Ebene: Schock im zweiten Lebensjahr (Krankenhausaufenthalt)

Wie viele / welche Allergie-Symbole 5 Stück
Zusätzliche Symbole (z. B. Karma, Nothelfer, Immunsystem): Baby- und Kleinkinder, Notfälle – 2 Stk.

Allergene auflegen auf: Solarplexus   Symbole auflegen auf: Thymus
Dauer: 50 Minuten

Nach der Sitzung:

Allergene zu 100 % neutralisiert? JA
Abstinenzzeit: Katzenhaare – 10 Tage; Milch – 30 Tage, Weizenmehl – 28 Tage,
     Hausstaub meiden – 7 Tage (nicht Staubwischen oder Staubsaugen), Beifuss – 10 Tage

Verarbeitungszeit: Insgesamt 6 Wochen   Wiederholung erforderlich? NEIN
Wann ist Folgesitzung möglich? In 6 Wochen

Welche Allergene als Nächstes? Weißer Zucker – 1, Zwiebel – 1, Nüsse – 2, Mandeln – 2,
     Waschpulver – 1, Kiwi – 2, Spülmittel – 4
Für zu Hause: Kombi-Öl No. 10, auf Solarplexus auftragen, 1 x täglich

Zu wieviel % hat der Klient die Sitzung angenommen? 98 %

---

*) Intensität der Allergien: 1 = sehr stark | 2 = stark | 3 = mittelstark | 4 = schwach | 5 = sehr schwach

Fragen und Antworten aus der Praxis

Natürlich kann dieses Buch nicht auf alle möglichen Fragen eine Antwort geben. In diesem Kapitel möchte ich Ihnen aber die Fragen beantworten, die mir in den letzten Jahren am häufigsten gestellt wurden. Vielleicht ist Ihre ja auch darunter …

Was ist der Hauptzweck der Engelsymbole? Sie sind dazu da, um unsere Seelenstruktur zu heilen. Sie lösen Blockaden im grobstofflichen und feinstofflichen Körper, energetisieren und aktivieren unsere Chakren, erhöhen unsere Energiefrequenz, löschen belastende Emotionen aus unserer Aura und unseren Körperzellen und können einen Selbstheilungsprozess einleiten. Außerdem unterstützen sie uns im Lichtkörperprozess.

Was unterscheidet die Engel-Therapie-Symbole von den Symbolen 1-49? Engel-Therapie-Symbolsets bestehen aus jeweils 7 bis 15 Symbolen, die zu einem Anwendungsbereich zusammengefasst sind. Sie sind kleiner als die 49 Standard-Symbole und eignen sich daher sehr gut für die Arbeit am Körper. Engel-Therapie-Symbole wirken unterstützend bei alternativ-therapeutischen Behandlungen wie Massage, Energiearbeit, Kinesiologie, der Grinberg-Methode, Rebirthing, Cranio Fluid Dynamics usw. oder einfach durch Auflegen am Körper.

Können auch andere Energien in den Engelsymbolen enthalten sein? Engelsymbole werden direkt von der Engelwelt energetisiert. Sie sind energetisch geschützt und versiegelt und können keine Fremdenergien enthalten bzw. emotionale Belastungen von behandelten Personen annehmen.

Wie werden Engelsymbole angewendet? Engelsymbole werden auf bestimmte Körperstellen oder Chakren gelegt, in Kombination mit Licht als Farblichtbestrahlung verwendet, während der Meditation und Entspannung auf die Stirn oder auf den Scheitel gelegt, direkt am Körper getragen, auf Fensterscheiben zur Raumharmonisierung und -energetisierung aufgeklebt, auf die Windschutzscheibe für eine sichere Autofahrt angebracht, für Energetisierungen unters Wasserglas, unter Nahrungsmittel, Massageöle gelegt bzw. ganz anders verwendet… Ihrer Fantasie sind keine Grenzen gesetzt!

Muss ich die Symbole reinigen oder aufladen? Auch nach Sitzungen, in denen die Symbole verwendet wurden, brauchen sie nicht gereinigt oder aufgeladen zu werden – sie sind energetisch geschützt und versiegelt. Falls Sie mit Transparent-Symbolen arbeiten, können Sie diese jedoch mit lauwarmem Wasser und ein paar Tropfen Spülmittel reinigen. Die Engelsymbole werden permanent von der Engelwelt „nachgeladen", ihre Schwingungsfrequenz wird in den nächsten Jahren laufend angehoben werden.

Manche Symbole sehen nach langem Tragen etwas schlapp aus ... Es kommt vor, dass die Symbole durch längeren Gebrauch die Form verändern. Zum Beispiel tragen manche Menschen die Symbole tage- oder wochenlang am Körper. Dies kann eine optische Einbuße bedeuten, aber keine energetische. Selbst, wenn Sie die Symbole in der Waschmaschine mitwaschen, wie es eine Freundin von mir von Zeit zu Zeit versehentlich macht, verlieren sie nicht an Wirksamkeit. Achtung: Wenn Sie rote Engelsymbole aus Transparentfolie am Körper tragen, könnte die Farbe auf Ihre Haut abgehen!

Ich habe festgestellt, dass manche Klienten sowohl einen Mangel als auch eine Unverträglichkeit auf Mineralstoffe haben. Kann das stimmen? Das kommt sogar recht häufig vor. Wenn jemand z.B. eine Calcium-Allergie hat, können Sie Ihre Klienten mit Calcium regelrecht füttern, der Körper kann es nicht aufnehmen. Der Mangel besteht so lange, so lange die Unverträglichkeit nicht behoben wurde. Dies kann mit Hilfe der Allergiesymbole No. 10 | Nithael – Allergien und Unverträglichkeiten erfolgen.

Mein Haus liegt in der Nähe eines Umspannwerkes – können mir da die Symbole helfen? Die Engelsymbole sind nicht für Elektrosmog geschaffen. Sie können jedoch bei regelmäßiger Verwendung der Symbole No. 27 | Sonael – Strahlungsschutz oder der Engel-Aura-Essenz „Strahlungsschutz" Ihre Aura gegen technische Strahlungen abschirmen. Würde sich ein Mensch jedoch täglich Elektrosmog aussetzen oder permanent mit seinem Handy telefonieren, zeigen auch hier die Symbole nur sehr begrenzt Wirkung. **Engelsymbole sind eben keine Allheilmittel!** Nur wer sie überlegt und gezielt einsetzt, kann sehr viel bewirken. Und die beste Wirkungsweise zeigen sie, wie gesagt, am feinstofflichen Körper.

Was empfehlen Sie bei emotionalen Abhängigkeiten? Die Cutting-Methode nach Phyllis Crystal und dazu No. 07 | Ramiel – Süchte und Abhängigkeiten bzw. No. 42 | Coruel – Energetische Abgrenzung. Leidet der Betroffene sehr unter der Situation, könnte man noch mit No. 02 | Nanael – Seelischer Notfall bzw. No. 43 | Loriel – „Die 7 Nothelfer" kombinieren. In vielen Fällen braucht man dazu auch No. 25 | Cithael – Karma. Sie sehen, es gibt keine Pauschalantworten, und man ist aufgefordert, von Fall zu Fall exakt auszuarbeiten, was tatsächlich benötigt wird. Deshalb habe ich im Rahmen dieses Buches auch die Möglichkeiten des exakten Austestens vorgestellt.

Worin zeigt sich die Schwächung eines Organs und welche Symbole können helfen? Bevor ein Organ erkrankt, zeigt sich eine Störung auf der energetischen Ebene und zwar in Form von Über- oder Unterenergie. Beginnt man zu diesem Zeitpunkt mit der Anwendung von Engelsymbolen, kann es zur Besserung kommen und der Ausbruch einer Krankheit auf der körperlichen Ebene verhindert werden. Organ-Symbole sind No. 14 | Corael und No. 38 | Luciel.

Helfen die Symbole bei einer tatsächlichen Erkrankung auch noch? Ja, auf der seelisch-feinstofflichen Ebene. Ein Herzinfarkt-Patient zum Beispiel, der zwar überlebt hat, dann aber die Hände in den Schoß legt und sich nicht überlegt, woher das Problem eigentlich kam, ist stark gefährdet, wieder einen Herzinfarkt zu erleiden. Mit den Symbolen bekommt er im Verlauf seines Gesundungsprozesses die Chance, die seelischen Ursachen aufzuarbeiten und somit einem weiteren Herzinfarkt vorzubeugen.

Sie beschreiben doch selbst die körperliche Zuordnung zu den Symbolen. Wie ist das jetzt zu verstehen – kann ich mich jetzt danach richten oder nicht? Die körperliche Zuordnung ist ein Anhaltspunkt – mehr nicht. Engel-Therapie-Symbole wirken am intensivsten im feinstofflichen Bereich, und der lässt sich nicht mit körperlichen Symptomen begrenzen. (Teil 2 Feinstoffliches Heilen)

Wie unterscheiden sich die Symbole „Energetische Abgrenzung" und „Strahlungsschutz" in ihrer Wirkung? Die Symbole und die Aura-Essenz „Energetische Abgrenzung" schützen uns vor menschlichen, energetischen Belastungen. Sagen wir, vor Emotionen unserer menschlichen Umwelt. Sie verdichten unsere Aura und lassen nur gefiltert das an uns heran, was wir für unseren zwischenmenschlichen Kontakt brauchen. Außerdem füllen sie die Aura nach Energieverlusten durch menschliche Energieräuber rasch wieder auf. „Strahlungsschutz" schützt vor technischen Strahlungen, kosmischen Einstrahlungen, Röntgenstrahlen etc. Diese Aura-Essenzen (oder die Symbole) können beispielsweise vor Untersuchungen im Krankenhaus angewendet werden. Allerdings sollte man damit im Idealfall mindestens eine Woche vor dem Untersuchungstermin beginnen und über die Untersuchung hinaus noch zwei, drei Wochen fortfahren.

Ich möchte für das Kind meiner Schwester etwas tun – beide leben aber in Kalifornien ... Symbole können auch auf Fotos gelegt werden und werden somit für Fernheilungen eingesetzt. Dies hat sich besonders bei der Behandlung von fernen Verwandten oder bettlägerigen Klienten als heilsam erwiesen. Wichtig ist, dass dies immer in guter Absicht geschieht. Ansonsten – oder wenn die betroffenen Personen es intuitiv ablehnen – zeigen die Symbole keinerlei Wirkung.

Mein Baby schreit Nacht für Nacht. Was kann ich verwenden? Auch hier gibt es wieder mehrere Möglichkeiten. Sie müssen zuerst die Ursachen dafür feststellen. Dies könnten sein: Ängste (No. 26 | Norael – Baby- und Kleinkinder-Notfälle), Geburtsschock (No. 18 | Vaniel – Geburt), Eingewöhnungsschwierigkeiten in das irdische Leben (No. 20 | Rakael – Neugeborene), unverdaute Nahrung und unverdaute neue Eindrücke (No. 21 |

Yerathel – Neugeborenen-Koliken), Fremdenergien, die ganz besonders von Babys und Kleinkindern wahrgenommen werden (No. 24 | Sorael – Fremdenergien) oder sonstige Gründe wie schlechter Schlafplatz, etc. In vielen Fällen sollte man nachschauen, ob nicht die Mutter etwas braucht, weil sie mit der neuen Situation überfordert ist. Es ist tatsächlich oft am wirkungsvollsten, wenn man bei der Mutter ansetzt...

Können Sie eine Behandlung mit einem Organ-Symbol schildern? Haben Sie eine Schwächung eines Organs auf der energetisch-feinstofflichen Ebene festgestellt oder möchten Sie ein erkranktes Organ mit Hilfe der Engelsymbole in seinem Gesundheitsprozess unterstützen, wählen Sie bitte das entsprechende Organ aus dem Engel-Therapie-Set No. 12 | Haziel – Organe und Fußreflexzonen bzw. dem Set No. 38 | Luciel – Organe und Fußreflexzonen aus.

• Testen Sie aus, ob das Symbol auf das Organ selbst oder auf die entsprechende Fußreflexzone gelegt oder geklebt werden muss.
• Testen Sie die Dauer aus, das können Minuten, Stunden oder Tage sein. Es können aber genauso gut Intervalle sein, wie z. B. drei Stunden pro Tag.
• Testen Sie aus, ob als Unterstützung noch das entsprechende Kombi-Öl (in dem die Energien aller Organsymbole enthalten sind) angewendet werden sollte. Wenn ja, ob das Öl im Organbereich oder auf der Fußreflexzone aufgetragen werden soll, und wie oft.

• Testen Sie aus, ob eventuell noch zusätzlich ein emotionales Thema aufgelöst werden muss.

Sollen die Chakren-Symbole der Farbe nach auf die dazupassenden Chakren gelegt werden? Das muss nicht sein. Manchmal ist es gerade die Komplementärfarbe, die das Chakra braucht, um geheilt zu werden. Dazu ein Beispiel: Margit arbeitete mit einer Klientin, deren Solarplexus total verkrampft war. Sie wollte schon nach dem gelben Chakrasymbol greifen, doch ihre Intuition ließ sie aufhorchen: Das königsblaue sollte es sein. Sie arbeitete in dieser Sitzung mit Fußreflexzonenmassage. Am Ende der Sitzung machte es „Plopp", und eine gelb-orangefarbene Energiefontäne ergoss sich aus dem zuvor verkrampften Solarplexus. Die Klientin verließ die Sitzung mit einem Gefühl der Befreiung und Zuversicht. Denken Sie daran – nicht die Farbe, sondern in erster Linie die eingespeicherte Engelsenergie ist wesentlich!

Können Sie mir erklären, was Karma ist? Da muss ich etwas ausholen, denn über Karma wurde schon so viel geschrieben, und vieles davon ist falsch (z.B.: Karma sei „unveränderbar", „eine Strafe für vergangene Missetaten", „unerwiesenes Larifari"). Ich möchte es ganz unesoterisch auf diesen einen Punkt bringen: „Karma ist das, was wir uns für dieses Leben als Lernthemen zur Erledigung vorgenommen haben." Das können Krankheiten, Beziehungsprobleme, Süchte... sein. Karmische Probleme erkennt der Therapeut daran, dass sie sehr hartnäckig sind und sich oft auch in vielen Sitzungen nicht auflösen lassen. „Seltsamerweise" verschwinden sie aber, wenn man in ein früheres Leben zurückgeht und dort die Thematik auflöst. Dafür wurden die Engel-Symbole No. 25 | Cithael geschaffen.

Ist die Arbeit mit Karma-Symbolen für den Klienten nicht sehr belastend? Nein. Ein Vorteil der Karma-Symbole ist, dass die Auflösung von belastenden Ereignissen aus der Vergangenheit **sanft** geschieht. Gefühle wie Wut, Hass, Verzweiflung, Leid etc. müssen nicht mehr durchlebt werden, und nur selten sieht der Klient Bilder aus der Vergangenheit, und auch das ohne Emotionen. Vor einer Karma-Sitzung testen Sie bitte immer aus, ob eine Karma-Auflösung überhaupt erlaubt ist. Sobald Sie mit den Karma-Symbolen arbeiten, erfolgt die Sitzung unter der Leitung des Höheren Selbst, der Karma-Engel und der Schutzengel Ihres Klienten! In hartnäckigen Fällen sollte Ihr Klient zu Hause mit der Engel-Kombi-Essenz / dem Engel-Kombi-Öl No. 25 | Cithael weiterarbeiten.

Können mir Karma-Symbole helfen, hartnäckige Probleme zu knacken? In vielen Fällen werden die Karma-Symbole benötigt, um ein akutes oder hartnäckiges Problem „aufzuweichen". Sie kombinieren in diesem Fall Karmasymbole mit anderen Symbolen. Oder Sie machen eine Karma-Sitzung als Vorbereitung und arbeiten in den Folgesitzungen das eigentliche Thema mit jeweils anderen Symbolen auf.

Was sind Persönliche Engelsymbole? Ein Persönliches Engelsymbol wird individuell für den einzelnen Menschen durchgegeben, angefertigt und unter der Aufsicht seines Sonnenengels von verschiedenen Engeln energetisiert. Es unterstützt in der jeweiligen Lebensphase bei Schwierigkeiten, Veränderungen, Problemen etc.

Das Persönliche Engelsymbol sollte nach Möglichkeit immer am Körper getragen werden, da es hier am intensivsten wirken kann (Achtung: rote Symbole können abfärben!). Das kann eine Körperstelle sein, die verspannt ist oder schmerzt, oder die gefühlsmäßig ausgewählt wird. Befestigt wird das Symbol z. B. mit einem Leukofix-Haftstreifen, so kann es tagsüber oder auch nachts getragen werden. Sollte das nicht möglich sein, kann man das Symbol auch auf sein eigenes Foto legen.

Wann empfehlen Sie den Einsatz eines Persönlichen Symbols? Ein Persönliches Symbol ist als Begleitung und Unterstützung für einen bestimmten Lebensabschnitt bestimmt und wirkt, solange die Energien vom jeweiligen Menschen benötigt werden. Das können Stunden, Tage oder Monate sein. In den meisten Fällen werden Sie merken, ob Sie Ihr Persönliches Symbol noch brauchen oder durch ein neues, das Sie in einem neuen Lebensabschnitt begleiten wird, ersetzen. Auch für das Persönliche Symbol gilt: Je näher am Körper getragen, desto besser.

Sie haben auch einen Therapiesatz für Fremdenergien geschaffen. Erklären Sie mir bitte, was das ist? Fremdenergien oder Besetzungen sind Energien von Verstorbenen, die noch nicht begriffen haben, dass sie tot sind und deshalb oft die Nähe von Menschen suchen. Oder es sind Seelen, die nach ihrem Tod von den Angehörigen durch ihre Trauer davon abgehalten werden, in die andere Dimension hinüberzugehen. Es können aber auch negative Energien von Menschen sein, die sich verdichten und auf anderen Menschen festhaften. Besonders in psychiatrischen Kliniken, auf Friedhöfen und in Krankenhäusern sind diese Energien verstärkt anzutreffen. Im täglichen Leben kommt es sehr häufig vor, dass Menschen Fremdenergien aufnehmen. In meinen Seminaren gehe ich schwerpunktmäßig auf dieses Thema näher ein, auch in meinem nächsten Buch über die Heilkraft der Engel-Essenzen und dem Kinder-Engelbuch.

Was können Sie zum Arbeiten mit Meridian-Symbolen sagen? Meridiane sind nicht sichtbare Energiebahnen – Stromleitungen vergleichbar –, die, ebenso wie Venen, Arterien, Lymph- und Nervenbahnen, unseren Körper durchziehen, eine Verbindung zu den Organen herstellen und diese mit Lebensenergien versorgen. Ist ein Meridian geschwächt oder blockiert, kann man ihn mit Hilfe der Engel-Meridian-Symbole stärken und aktivieren.

Bevor Sie Symbole auflegen, klären Sie folgende Fragen: Ist der Meridian auf der linken oder rechten Körperhälfte gestört? Welcher Meridianpunkt ist blockiert? Zeigt vielleicht ein Alarmpunkt eine Störung an? Oder der Anfangs- oder Endpunkt eines Meridians? Dann kleben Sie die entsprechenden Meridiansymbole auf und arbei-

ten in gewohnter Art und Weise mit Fußreflexzonenmassage, Klein'scher Methode, Kinesiologie, Cranio Fluid Dynamics, ganzheitlicher Massage etc. Therapeuten berichten, dass mit dieser Methode der herkömmliche Meridianausgleich nur mehr in den seltensten Fällen erforderlich ist. Das Meridiansymbol ersetzt quasi den Meridianausgleich.

Sollte ein Meridian immer wieder blockieren, kann Ihr Klient mit dem entsprechenden Öl zwischen den Behandlungen arbeiten. Testen Sie aus, ob er

- den Anfangs- oder Endpunkt des Meridians oder
- den gesamten Meridianverlauf mit dem Öl No. 13 | Yeliel sanft abstreichen soll (Häufigkeit, Abstände, Dauer).

Sollte ein Meridian immer wieder blockiert sein, suchen Sie bitte die Hintergründe. Dies könnten Karma, Energieräuber oder sonstige Ursachen sein.

Wie unterscheiden sich Engelsymbole, Engelessenzen und Engelöle von Blütenessenzen, Edelsteinessenzen, Aura Soma und anderen energetischen Hilfsmitteln? Engelsymbole und Engelessenzen enthalten feinstoffliche Energien der Engel. Das heißt, sie werden nicht mit Blüten, Steinen, Kräutern oder Farben energetisiert, sondern erhalten ihre Energien direkt aus der Engelwelt. Sie wirken besonders gut bei Menschen, die bereit sind, sich zu öffnen, die einen Zugang zur Engelwelt haben oder suchen, und die sich mit klassischen Behandlungsmethoden nicht mehr zufrieden geben und die Heilung ihrer Seele in den Vordergrund stellen möchten. Außerdem wirken sie in allen feinstofflichen Ebenen der Aura, selbst in jenen, in die Blüten- oder Steineessenzen nicht mehr gelangen können.

Können die Engelsymbole eigentlich Menschen auch überfordern? Tatsache ist: Es gibt Menschen, die mit feinstofflichen Energien überfordert sind. Sie leben noch sehr im materiellen, irdischen Bewusstsein. Ihre höheren Chakren sind entweder ganz geschlossen oder nur leicht geöffnet und sie hatten noch nie spirituelle Erfahrungen im weitesten Sinne. Diese Menschen sind möglicherweise mit hochschwingenden Energieformen, wie beispielsweise mit Engel-Therapie-Symbolen oder Engel-Essenzen überfordert. Wobei sich die Wirkung nicht im Zuviel, sondern im Zuwenig zeigt: Veränderungen sind so subtil, dass die Betroffenen sie gar nicht bemerken und vielleicht deswegen den Prozess abbrechen.

Für den Bewusstwerdungsprozess mancher Menschen ist es deshalb sinnvoll, mit „irdischeren" Essenzen, wie zum Beispiel den Blütenessenzen zu beginnen, wobei es innerhalb der Blütenessenzen auch verschiedene Ebenen gibt. Andererseits kann es auch vorkommen, dass Menschen, die bereits gut mit feinstofflichen Energien umgehen und arbeiten, von der Energie der Engelsymbole überfordert sein können. Nämlich dann, wenn sie zu viele gleichzeitig anwenden.

Funktionieren die Symbole auch, wenn sie kopiert werden? Sie wirken nur sehr begrenzt über die Farb- und Symbolwirkung. Grundsätzlich werden Engelsymbole, die nachgemacht oder kopiert werden, von der Engelwelt nicht energetisiert. Dies ist ein Schutz, den die Engelwelt so wollte. Ich nenne ihn „Engel-Copyright". Die hier im Buch abgedruckten Symbole und die Symbole des Kartensets „Heilende Engelsymbole" werden allerdings von der Engelwelt energetisiert. Das ist eine Vereinbarung mit der Engelwelt.

Was tue ich, wenn jemand eine Behandlung mit den Engelsymbolen ablehnt? Ganz einfach: diese Tatsache akzeptieren. Man sollte niemanden zwangsbeglücken, es würde ohnehin keine Wirkung zeigen. Sie können die Person fragen, ob Sie das entsprechende Symbol auf ihr Foto legen dürfen. Mehr können Sie in diesem Fall nicht machen. Mehr würde auch nicht passieren – auch die Engel zwangsbeglücken niemanden!

Erfahrungsberichte von Helfern ... TEIL VI

(Einige Namen wurden auf Wunsch geändert)

"Engel haben mich mein ganzes Leben lang begleitet"

Margit, 47, geprüfte Masseurin, Channel-Medium, Arbeit mit feinstofflichen Energien

Wie kamen Sie zu Ihrem Beruf? Eigentlich bin ich gelernte Verkäuferin. Über den Verkauf von Kosmetika stieß ich auf eine Massageausbildung und wusste spontan: „Das mach' ich!" Diverse Ausbildungen schlossen sich an – Fußreflexzonenmassage, Akupunktur, Lymphdrainage, intuitive Energiearbeit.

Was bedeutet für Sie Heilung? Heilwerdung heißt für mich Bewusstwerdung. Oft sind es versteckte Ängste, Emotionen, die die Energie blockieren und die Menschen in weiterer Folge krank machen. Zum Beispiel manifestieren sich Gefühlsverletzungen wie der Verlust eines Menschen auf der körperlichen Ebene. Dem Betroffenen ist es aber nicht möglich, dies zu erkennen. In meiner Arbeit führe ich die Menschen dahin, um das überhaupt annehmen und sehen zu können. Ich bringe sie auf den Punkt. Dabei arbeite ich vom Körperlich-Strukturierten ins Seelisch-Psychische. Heilwerdung ist aber auch ein Prozess des Umdenkens. Bedingung zur Heilung ist, dass die Menschen mitarbeiten.

Reagieren manche Menschen sensibler auf alternative Methoden als andere? Unbedingt. Vor allem Menschen, bei denen die Schulmedizin „ansteht", die sind sehr sensibel.

Sie teilen sich die Praxis mit Frau Auer. Sind Ihnen da zum ersten Mal die Engel begegnet? Nein, ich hatte immer schon Kontakt zu Engeln. Schon als Kind hatte ich einen starken Bezug zu meinem Schutzengel, der war mir immer sehr wichtig. Engel haben mich das ganze Leben lang, die ganze Arbeit hindurch begleitet.

Wie binden Sie die Engel in Ihre Arbeit ein? Bei jeder Behandlung bitte ich um Hilfe, Schutz, um Göttliche Führung und um Heilung. Nicht „ich" bin es, die arbeitet. Die Göttliche Führung sagt, was zu tun ist. Und ob etwas zu tun ist – das ist ein ganz wichtiger Punkt. Oft ist eine Krankheit ein Lernprozess, in den ich nicht eingreifen darf. Da gibt es dann dieses Spiel: Mein Ego will heilen, die Göttliche Führung sieht es anders.

Können Sie mir da ein Beispiel geben? Mein Vater hatte eine Gehirnblutung. Natürlich wollte mein Ego, dass er wieder gesund wird, dass er uns erhalten bleibt. Doch wäre es ein lebenswertes Leben gewesen? Was ist gut für meinen Vater? Das habe ich mich immer gefragt, bevor ich an eine Behandlung gedacht habe. Es ist doch so: Auch wir Therapeuten sind nur Menschen und wollen. Wollen heilen, wollen Gutes tun, wollen den Klienten erretten…. Vor lauter „Wollen" kann man da leicht in die Irre gehen. Trotzdem: Man sollte sich was trauen. Ich sage immer: Engelarbeit ist wie Lesen oder Schreiben lernen. Man muss nur damit anfangen.

Mit welchen Symbolen arbeiten Sie? Oft begleiten mich Symbole bei der Arbeit mit Ängsten und Depressionen, bei seelischen Notfällen, karmischen Belastungen und Fremdenergien. Sie helfen wirklich sehr: Die Therapie greift schneller. Manchmal brauche ich statt zehn Sitzungen nur mehr fünf.

Wie viele Symbole verwenden Sie in einer Sitzung? Das ist verschieden, von eins bis zehn. Wenn die Betroffenen es wollen, arbeite ich auch mit Fotos, sprich über eine Fernbehandlung. Meist aber kommen Menschen zu mir, die gar nicht wissen, was los ist. Sie sagen „Ich fühle mich einfach nicht wohl". Mir wird dann das Thema, die Ursache von der Engelwelt durchgegeben. Meist sehe ich dann auch die Farbe, das Symbol und die Stelle, an der es aufgelegt werden soll. Ich arbeite sehr intuitiv.

Sind Sie auch hellsichtig? Bekommen Sie klare Durchgaben aus der Engelwelt … Man könnte es so bezeichnen. Ich weiß bei den Klienten, was sie haben, wie sie sich fühlen, welche Emotionen sie haben, was ich ihnen mitteilen soll. Ihr Engel steht neben mir und sagt mir Satz für Satz, was ich seinem Schützling weitergeben soll. Ich brauche nur mehr nachzusprechen. Die Menschen sind meist sehr verblüfft, vor allem, wenn sie zum ersten Mal bei mir in Behandlung sind. Ich sehe auch, wie die Symbole in der Aura wirken. Es ist aber schwer, darüber zu sprechen. Ich achte bei den Behandlungen auch nicht so sehr darauf, was ich sehe – es würde mich aus der Konzentration bringen.

Können Sie mir ein oder zwei Fallbeispiele aus Ihrer Arbeit mit Symbolen nennen? Es gab ein Mädchen mit acht Jahren, das litt unter Bettnässen. Ich habe dem Kind einen Zugang zu seinem Schutzengel geschaffen, ihm auch einen kleinen Engel geschenkt. Gearbeitet habe ich mit dem Engelsymbol No. 11 (von den Engelsymbolen 1-49) – es steht für Geborgenheit und Sicherheit. Schon nach zwei Wochen war ein Erfolg sichtbar: Das Mädchen nässte nur mehr einmal die Woche, dann nie wieder.

Dann gab es eine Frau, die ihren Mann verloren hatte. Ich wählte die Symbole 4, 11 und 27. Sie hatte einen Tag lang einen starken Druck am Herzen, dann verschwand er. Eine andere Frau litt unter Verleumdungen; mit Erzengel Chamuel war das Thema in einer Woche erledigt. Die Frau hat in der Zeit sehr viel geträumt und mitgearbeitet, da geht es dann sehr schnell.

Kommen heute andere Klienten zu Ihnen als früher? Wer zu mir kommt, ist gegenüber der geistigen Welt bereits sehr aufgeschlossen. Oder steht bei der klassischen Medizin an: Durchgecheckt, sämtliche Untersuchungen absolviert, organische Schäden ausgeschlossen – so läuft das. Diese Klienten sind mir die liebsten. Die anderen schicke ich gleich zum Arzt, damit wir die Angst vor Krankheiten ausschließen können. Früher habe ich auch noch bei einem Internisten gearbeitet. Damit aber habe ich aufgehört. Das ist eine gänzlich andere Welt. Da brauchen die Menschen noch die Krankheit, damit sie Anerkennung und Liebe erfahren.

Wie hoch ist das Interesse der Klienten an den Engeln? Sehr hoch, aber oft unbewusst. So hatte ich in der Arztpraxis, wo ich in meiner Ausbildungszeit zwar noch ohne Symbole, aber mit Engelkontakt gearbeitet habe, einen sehr guten Ruf. Die Menschen sagten dann immer, das hat jetzt gut getan. Sie fühlten es, aber wussten nicht, woher es kam.

Was hat Sie letztendlich überzeugt, gerade diese Symbole zu verwenden? Der Erfolg hat mich von Anfang an überzeugt.

Sind Sie ein gläubiger Mensch? Ich bin ein sehr gläubiger Mensch. Ich könnte mir mein Leben ohne Glauben gar nicht mehr vorstellen, ich wäre ein armes Hascherl.

Erfüllt es Sie auch, andere Menschen wieder zum Glauben zurück zu führen? Das ist mein Hauptthema, darum geht es. Wenn die Menschen es doch spüren könnten: Da gibt es noch etwas, wo ich Hilfe erfahren kann. Etwas, womit ich das Chaos auf der Welt besser verkraften kann. Und die Ängste verschwinden. Ich sehe es bei mir selbst – das Leben kann wesentlich leichter sein. Wenn ich es will. Und wenn man dies alles spürt und den Erfolg an sich selbst sieht, möchte man es natürlich an andere weitergeben. Das Schönste für mich ist, wenn Menschen zu mir kommen und sagen: „Ja, ich fühle mich besser!"

Ihre wichtigste Botschaft? Das wäre gleichzeitig auch mein innigster Wunsch – dass es jeder einfach mal ausprobiert, diesen Kontakt zur Engelwelt. Es ist ein Lernschritt. Und er kostet nichts.

„Wie Phönix aus der Asche"

Ingrid Maria, 45, Reiki-Meisterin, Channel-Medium, Arbeit mit feinstofflichen Energien

Was verstehen Sie unter Heilung? Heilung findet statt, wenn sie erlaubt ist und wenn sie zum Nutzen aller geschieht. Ich bin lediglich das Instrument der Göttlichen Ordnung. Meine Behandlungsweise? Ich kann – sprichwörtlich – die Leiter anlehnen, raufklettern muss der Klient selber. Das heißt, ich möchte den Klienten aus seiner Opferrolle rausholen, bewirken, dass er die Verantwortung für sich übernimmt und die Krankheit als das sieht, was sie ist: ein Geschenk.

Das war bei Ihnen auch so … … genau. Ich meine das Gefühl, dass da „mehr" ist als das Offensichtliche, das hatte ich ja schon immer. Dennoch brauchte ich anscheinend einen Hammer. Der kam nach zwanzig Jahren Bürotätigkeit. Eine schwere und besonders bösartige Krebserkrankung hat mich richtiggehend wachgerüttelt. Obwohl ich selbst schon Reiki-Meisterin war, musste mir Ingrid Auer über den Weg laufen mit ihrem absoluten Vertrauen in die geistige Führung. Durch die Arbeit mit ihr kam auch ich immer mehr in Kontakt mit Engeln.

Und der Krebs? Ich habe bereits die sechs kritischen Jahre überstanden, bin krebsfrei geblieben. Die Ärzte rätseln immer noch, wie das wohl ging. Ich sehe es heute so: Der Krebs war einfach meine Einweihung in die Arbeit auf dieser Ebene. Man kann wirklich sagen – ich stieg wie Phönix aus der Asche!

Reagieren manche Menschen auf alternative Methoden sensibler? Ja, unbedingt, vor allem die Klienten, die zu mir kommen. Ich sage immer: Der Geist beherrscht den Körper, nicht umgekehrt. Und in meiner Arbeit konzentriere ich mich auch auf den feinstofflichen Körper – „grobstofflich kranke" Menschen schicke ich vorher zum Arzt. Außerdem bitte ich immer um die „richtigen" Klienten, also um die, die bei mir wirklich Hilfe finden.

Stellen die Symbole eine Erleichterung in Ihrer Arbeit dar? Ende 1999 bekam ich das Therapieset No. 10 | Nithael – Allergielöschung zum Ausprobieren: „Wenn du es nicht brauchst, dann gib es mir wieder zurück", sagte Ingrid. Die Erfolge waren so enorm, dass ich sie anrief, um ihr zu sagen, dass ich es *sicher* nicht zurückgeben würde. Im Gegenteil: Ich bestellte noch andere Therapiesets. So war es. Ab diesem Zeitpunkt gab es keine Sitzung mehr ohne Engelsymbole.

Wann und in welchen Fällen setzen Sie Symbole ein? Die erste Frage ist immer: „Was kann ich für Sie tun?" Meist fühle ich dann schon, welches Thema anliegt, welche Symbole zum Einsatz kommen werden. Ich habe besonders gute Erfolge bei Allergielöschungen, hier vor allem bei Kindern. Die müssen gar nicht anwesend sein. Ich arbeite über die Mutter und über Reiki-Fernbehandlung. Die Auflösung von karmischen Themen kommt ebenfalls häufig vor, vor allem bei Partnerschaftskonflikten. Häufig begegnen mir auch Störungen durch Fremdenergien, da habe ich im eigenen Haus sogar viel zu lernen. Da kann ich nur sagen: Aura-Essenz! Damit habe ich die besten Erfahrungen gemacht.

Sie haben die eigene Familie angesprochen, die macht nicht so recht mit? Nein, gar nicht. Aber ich habe mir hier meinen Lichtbereich geschaffen, mein Nest an Geborgenheit. Der Rest der Familie lässt es sein. Respektiert es heute zumindest.

Wie viele Symbole verwenden Sie in einer Sitzung? Den ganzen Therapiesatz, dazu noch einen Nothelfer, den ich intuitiv auswähle.

Was hat sich in Ihren Sitzungen verändert? Durch die Symbole ist es, als ob ein Kreis geschlossen wäre, denn anfangs hatte ich das Gefühl, mir fehlt irgendetwas bei den Behandlungen. Nun strahle ich auch viel mehr Begeisterung aus! Es kommen wirklich viele Menschen, sogar aus Wien. Ich schalte keine Inserate, mache keine Werbung. Die Klienten kommen – wie geführt. Ich frage sie zum Abschluss immer, ob sie nicht auch Engel in ihr Leben lassen wollen. Die meisten sagen: Ja! Nur im eigenen Ort sind die Menschen distanziert. Das zählt wohl so zu den Prüfungen als Lichtarbeiter.

Hat sich Ihr Kontakt zur geistigen Welt / Engelwelt nun verstärkt? Enorm. Heute höre ich meine innere Stimme, die sich als Höheres Selbst offenbart, klar und deutlich. Ich beginne auch Engel und Lichtwesen bei meiner Arbeit zu sehen.

Für wen eignen sich die Symbole am besten? Für die, die offen sind und die bereit sind, etwas zu verändern. Zwangsbeglückung machen wir (die Engel und ich) keine.

Verwenden Sie diese Symbole auch bei sich selbst? Ich schaue täglich während der Meditation nach, was ich an dem Tag brauche. Oft ist es Erzengel Metatron, dessen Symbol die Energie so gut halten kann. Daneben verwende ich mein Persönliches Engelsymbol. Daran musste ich mich aber erst gewöhnen – das war am Anfang so stark, dass ich es nur ein paar Stunden aushielt. Zu intensiv kamen mir meine Blockaden und Muster ans Tageslicht.

Was wollen die Engel wirklich von Ihnen? Ich glaube, sie wollen, dass ich die Menschen an ihren Glauben erinnere. Ja, es ist mein Auftrag, Menschen zum Licht zu führen.

6 Monate später >>

Sie sehen so toll aus, was ist passiert? Danke, dass Sie fragen. Sehr sehr viel. Angefangen hat es mit Bandscheiben- und Ischiasschmerzen...

... Das ist ja nicht so toll. Nein und Ja: Die Schmerzen haben mich mit den richtigen Menschen zusammenge-

führt. Und im Zuge der Behandlungen habe ich es geschafft, mich in Frieden und aller Liebe von den karmischen Verflechtungen mit meinen Eltern zu lösen.

Haben da die Engel geholfen? Ja, vor allem das Engelsymbol Nr. 38 – das Symbol für Karmaerlösung (Engelsymbole 1-49). Es hat viel bewegt, hat mich auch dazu gebracht, zu akzeptieren, dass ich mir genau diese Familie, diese Lehr- und Prüfmeister ausgesucht habe, und dass auch ich es ganz allein schaffe, da wieder rauszukommen. Aus eigener Kraft. Ich habe sogar eine Verzichtserklärung auf das Haus zugunsten meiner Schwester unterschreiben „müssen". Aber ich habe gespürt, es ist Zeit, mich von dieser Materie zu lösen. Und es war wirklich gut.

Warum? Meine Umsätze sind seit diesem Zeitpunkt um 100 % gestiegen. Ich hatte wirklich jahrelang zu kämpfen, um jeden Groschen. Dass ich mich jetzt finanziell frei bewegen kann, ist das Größte!

Ich freu mich für Sie aus ganzem Herzen!

„Das Wesentliche ist für die Augen unsichtbar"

Gertraud, 32, Hebamme

Sie sind von der klassischen Medizin in den alternativen Bereich gewechselt ... Ich habe bereits 10 Jahre im klinischen Bereich gearbeitet und war am Ende meiner Bemühungen angelangt, in der klinischen Geburtshilfe Alternativen einsetzen zu können: dort, wo Schulmedizin mehr Schaden anrichten konnte, als Gutes zu tun. Oder die Medizin versagte. Die Arbeit mit den Symbolen eröffnet mir endlich neue Möglichkeiten, nach denen ich immer schon gesucht habe. Um etwa Hilfe im physischen und psychischen Bereich für werdende Mütter oder für Neugeborene oder für Frauen im Wochenbett anzubieten.

Seit wann arbeiten Sie mit Engelsymbolen? Ich arbeite seit einem Jahr mit den Symbolen, und die Ergebnisse sind verblüffend. Vor allem bei den Kindern. Bei Erwachsenen ist es manchmal schwierig, da Engel und Engelsymbole von ihnen leider noch immer sehr kritisch betrachtet werden und in ihren Augen in Märchenbücher für Kinder gehören, aber mit der Realität wenig zu tun haben.

Wie sind Sie eigentlich auf die Engel gekommen? Mein Erstkontakt mit Engeln war im April 1999, als ich vor einem Scherbenhaufen in meinem Leben stand. Ich hatte schon vorher von Ingrid gehört, dass sie Kontakt mit ihren Engeln aufnehmen konnte. Nach diesem Gespräch ging ich etwas verwirrt, aber doch sehr neugierig nach Hause. Intuitiv spürte ich, dass da etwas war, das ich mir zu Nutzen machen konnte. In meiner damals prekären beruflichen wie privaten Situation kamen am selben Tag hautnah die Engel in mein Leben. Ich werde Ingrid ewig dafür dankbar sein, dass sie mich an diesem Tag zu einem Vortrag über Engel mitgenommen hat. Ich wüsste nicht, wie ich diese Zeit damals sonst überstanden hätte, wäre da nicht die Hilfe aus der Engelwelt gewesen. Es gab keine tiefe Verzweiflung mehr, weil ich den Schutz der Engel sehr stark spürte.

Wann helfen die Symbole besonders? Die Symbole helfen mir immer dann, wenn ich mit meinem Fachwissen nicht mehr weiter komme. Beziehungsweise verwende ich die Symbole bei Klienten, die offen dafür sind und sich für die Symbole interessieren. Ich kann sie immer und überall einsetzen. Sie erleichtern mir die Arbeit, und ich muss meine Klienten nicht ohne Hilfestellung wegschicken, wenn die grobstofflichen Therapiemöglichkeiten versagen.

Wann und in welchen Fällen setzen Sie Symbole ein? Wie entscheiden Sie das? Ich setze die Symbole in der Schwangerschaft, während der Geburt, im Wochenbett, aber auch bei den Neugeborenen ein. Die häufigsten Probleme ergeben sich mit der Verdauung (3-Monats-Koliken). Oder durch ein Geburtstrauma, das Unruhe, Schlaf- und Trinkschwierigkeiten mit sich bringen kann.

Auch bei Neugeborenen-Gelbsucht setze ich sie ein. Die Entscheidung, welche Symbole ich verwende, erfolgt meistens intuitiv, durch Austestung mittels kinesiologischer Muskeltests oder nach der vorgegebenen Zuordnung der Symbole.

Spüren Sie die Symbole oder nehmen Sie etwas Besonderes wahr? Ich spüre die Kraft der Symbole stark, wenn ich sie auf den Körper lege oder einfach nur betrachte. Ich energetisiere damit auch meine Wohnräume oder mein Auto, in dem ich sehr viel Zeit verbringe.

Wie viele Symbole verwenden Sie im Durchschnitt? In der Regel verwende ich ein bis zehn Symbole. Kommt darauf an, ob ich mit einem Baby oder einem Erwachsenen arbeite. Dabei lasse ich die Klientin mitentscheiden, wenn ihr ein Symbol besonders gefällt oder auch, wenn sie eines besonders ablehnt.

Da ich vorwiegend mit schwangeren Frauen arbeite, hat sich sehr bewährt, dass ein Symbol von der werdenden Mutter ausgewählt wird. Die positive Reaktion der Babys im Bauch der Mutter ist daraufhin deutlich zu spüren.

Verwenden Sie auch Engelessenzen oder Engel-Aura-Essenzen? Engel-Aura-Essenzen verwende ich vorwiegend am Anfang und am Ende einer Sitzung mit Schwangeren, aber in erster Linie verwende ich sie für mich selbst. Die Essenzen kommen verstärkt bei typischen Schwangerschaftsbeschwerden oder unbewussten Ängsten zum Einsatz, die sich oft in protrahierten Geburtsprozessen widerspiegeln.

Sie sind ja Hebamme und begleiten Mütter einige Monate lang. Was haben Sie beobachtet, wie wirken die Symbole auf die Mutter, auf das Kind, auf den Geburtsprozess? Es kommt immer darauf an, wie offen die Klientin dem Thema gegenübersteht. Bei Frauen, die offen für die Essenzen und Symbole sind, ist auch ein stark verändertes Körpergefühl zu beobachten. Auch die Signale des Kindes im Mutterleib werden von der Mutter besser verstanden und gedeutet.

Signifikant ist der Erfolg bei den Kindern. Obwohl man auch hier immer die gesamtfamiliäre Situation berücksichtigen muss. Manchmal lege ich ganz bewusst ein völlig unpassendes Symbol auf den Bauch der Mutter. Die Kinder reagieren sofort.

Wie reagieren die Kinder? Kindern, die sich nach der Geburt nicht beruhigen können, die vor Schmerzen lange schreien, lege ich ein oder mehrere Symbole am Körper auf. Sie beruhigen sich binnen weniger Minuten. Während der Geburt sind die Symbole hilfreich, um das Baby in die richtige Richtung durch den Geburtskanal zu leiten. Ein Baby, das mit Zangengeburt zur Welt kam, schrie eineinhalb Stunden ohne Unterbrechung. Keiner schaffte es, das Kind zu beruhigen. Ich nahm drei Stück von den Baby- und Kleinkinder-Notfall-Symbolen. Zwei Minuten später lag das Baby völlig entspannt da.

Das ist ja fantastisch ... Ja. Ein Beispiel möchte ich noch von einer Klientin erzählen, die ich ab der zehnten Schwangerschaftswoche betreute. Sie hatte Depressionen und war bereits zur Gesprächstherapie gegangen, hatte homöopathische Arzneien von einem Arzt bekommen, hatte sich ihrem Gynäkologen anvertraut – keiner konnte ihr helfen. Beim Erstgespräch stellte sich heraus, dass ihre Mutter dieselben Beschwerden in der Schwangerschaft hatte wie sie. Ich legte ihr Symbole auf und begann, mit ihr zu meditieren und energetisch an den Fußreflexzonen zu arbeiten. Nach der ersten Sitzung ging sie teils skeptisch, teils zuversichtlich nach Hause. Bei der zweiten Sitzung erzählte sie mir, sie hätte bloß zwei Depressionsattacken gehabt, die vor dieser Zeit oft tagelang angehalten hätten. In die vierte Sitzung kam sie strahlend und sagte, dass es ihr schon lange nicht mehr so gut gegangen wäre wie in der vergangenen Woche. Die Klientin lernte, sich selbst energetisch zu stabilisieren. Es ging ihr zunehmend besser, und dieser Zustand hielt auch an.

Wie hoch ist das Interesse der Klienten so ganz allgemein an den Engeln? Das Interesse ist leider noch sehr gering, aber die Frauen sind in der Regel sehr aufmerksam und interessiert. Vor allem dann, wenn sie merken, dass sich da doch eine Besserung oder Veränderung ihres eigenen Zustandes oder des Zustandes ihres Kindes ergibt.

Hat sich Ihr Kontakt zur geistigen Welt / Engelwelt nun verstärkt? Auf jeden Fall. Die Engelwelt und deren Hilfestellungen sind aus meinem Leben nicht mehr wegzudenken. Es ist alles viel leichter zu bewältigen, die Arbeit gestaltet sich interessanter und erfolgreicher, und ich habe nicht mehr das Gefühl, alles alleine tun zu müssen. Ich bitte die Engel um Hilfe in allen Situationen, wo ich oder andere Hilfe benötigen. Auch das Bewusstsein, dass jedes Kind mit einem Schutzengel geboren wird, gibt mir Ruhe und Kraft in schwierigen geburtshilflichen Situationen. Leider hat es viel zu lange gedauert, bis ich den Weg zu den Engeln gefunden habe.

Man sagt, jeder Mensch hat einen Schutzengel. Können Sie das bei der Geburt wahrnehmen? Oh ja, sehr wohl!

Möchten Sie den Lesern noch etwas mitgeben? „Das Wesentliche ist für die Augen unsichtbar, man muss mit dem Herzen suchen, dann wird es auch sichtbar werden." Alles Liebe für alle, die in Liebe miteinander verbunden sind!

Vielen Dank für Ihren wunderbaren Beitrag.

„Auf der Suche nach der inneren Stimme"

Barbara, 56, Lichtarbeiterin

Hatten Sie immer schon Kontakt zu Engeln? Nein, das hat erst mit meinem großen Zusammenbruch 1998 begonnen. Danach habe ich die Ausbildung zur Heilmeditation gemacht, in der wir viel mit den Erzengeln gearbeitet haben. So bin ich langsam hineingewachsen. Natürlich habe ich vom Verstand her auch damals schon viel gewusst, auch über geistige Welten und Engel. Aber erfahren habe ich es erst durch die Arbeit, so hat sich auch die Gefühlsebene gefestigt.

Darf ich fragen: Was war das für eine Krise? Es war ein körperlicher, seelischer, nervlicher, totaler Zusammenbruch. Wissen Sie, in meinem Leben hatte ich immer schon energetische Krisen, von der Kindheit an. Da sackt mir die Energie manchmal total ab, sodass ich bewusstlos werde. Auslöser sind oft Angst, Schocks oder Überanstrengung.

Was hat der Arzt dazu gesagt? Dass mein Nervengerüst von der Grundkonstitution sehr schwach ist. Ich hätte Medikamente nehmen sollen, aber ich vertrage die Chemie nicht. Erst vor kurzem bekam ich zwei Spritzen, weil ich solche Kreuzschmerzen hatte, das hat mich komplett niedergeworfen. Bei mir war und ist es wirklich so, ich muss Alternativen suchen. Und ich habe sie auch gefunden – in verschiedener Art und Weise.

Und dann haben Sie auch die Symbole kennen gelernt? Ja. Ich habe mir zunächst ein Persönliches Symbol machen lassen und mir dann nach und nach einzelne der 49 Symbole zugelegt. Sie kleben bei mir zur Energetisierung auf den Fenstern, andere lege ich auf den Körper auf. Manche trage ich wirklich rund um die Uhr.

Können Sie mir ein Beispiel erzählen, wie Ihnen die Symbole geholfen haben? Ich war einmal sehr angeschlagen, auch vom Wetter her instabil, die Nerven fingen wieder an so zu zittern. Da hab' ich mir das Symbol vom Erzengel Michael auf die Stirn geklebt. Ich habe wirklich die Energie von Beschützt-Sein die ganze Nacht gespürt. Das war einfach wunderbar, und ich bin ganz gestärkt aufgestanden. Auch wenn ich Karten aus dem Buch ziehe, spüre ich diese Energie. Dabei werde ich innerlich sehr ruhig und stehe gestärkt auf.

Im Leben stürzt manchmal alles zusammen, wenn der Weg eigentlich in eine andere Richtung gehen soll und man es nicht tut ... Wenn man ohnehin schon unzufrieden und leer war, muss man woanders hin. Der Glaube hat mir zwar über alle Schicksalsschläge hinweggeholfen und auch über eine Ehe, die oft schmerzhaft war. Dieser Glaube war aber eben doch eine streng katholische Zwangsjacke. Ich bin froh, dass die Erfahrungen der Engelwelt dazugekommen sind. Heute ist es ein Wissen, nicht nur vom Kopf, sondern auch vom Herzen her.

Sie sind verheiratet, haben drei Söhne – was sagt Ihre Familie dazu? Ich stehe mit diesen Dingen sehr allein da. Lediglich eine Schwiegertochter ist offen für meinen Weg. Ich bin aber so in der Kraft, dass ich weiß: Ich kann diesen Weg gehen, unabhängig davon, was mein Mann, was meine Söhne davon halten. Auch wenn sie mich spüren lassen, dass ich etwas „spinnig" geworden bin. Insofern sind das zwar schmerzhafte, aber gute Übungspartner.

Wie arbeiten Sie mit den Engelsymbolen und den Essenzen? Ich habe da eine spezielle Form gefunden, ich setze einen Orgon-Strahler ein. Ich erkläre es ganz kurz: Alles auf der Erde schwingt ja. Auch der Mensch, jedes Organ, jede Zelle hat ein ganz bestimmtes Schwingungsmuster. Bei einem geschwächten oder erkrankten Organ ist die normale Schwingung verändert.

Mit Hilfe des Schwingungspotenzierers kann ich nun die normale Schwingung herstellen. Diese verankere ich dann in einer Trägersubstanz – das ist eine Ampulle mit einer Kochsalzlösung. Mit dieser Ampulle bestrahle ich dann den Betroffenen, entweder die Person oder sein Bild, sein Haar oder eine Blutprobe. Zu dem Orgon-Strahler gibt es eigene Schwingungsampullen, man kann aber auch andere Energien einfangen ...

... und das haben Sie mit den Engelsymbolen gemacht! Genau. Ich habe die Qualitäten der Engelsymbole und Engel-Essenzen in Ampullenform und habe wirklich sehr gute Erfahrungen damit gemacht. In der Grippezeit setze ich z.B. die Ampulle Viren, Bakterien, Immunsystem (aus dem Therapeuten-Test-Set) fast rund um die Uhr

ein. Einmal habe ich meiner Schwiegertochter bei schwerer Grippe und Stirnhöhlenentzündung geholfen. Und auch mir selbst – innerhalb weniger Stunden waren alle Anzeichen von Grippe aufgelöst.

Wie lange müssen Sie vor diesem Strahler sitzen? Das ist ja das Feine. Ich teste die Zeit aus, lege ein Foto von mir davor und kann meine Dinge tun. Allerdings sollte man sich schon an die ausgetestete Zeit halten. Die Bestrahlungen können sehr intensiv sein! Ich nütze den Strahler täglich, vor allem die Ampulle mit Energetischer Abgrenzung und Energetischer Reinigung. Auch bei meinem Enkel – wenn der Kleine geimpft wird oder Zahnprobleme hat – kommt der Orgon-Strahler zum Einsatz. Einfach das Bild davor, und schon wird es besser.

Vielleicht sollte ich noch sagen: Ich verwende es nur im Eigengebrauch und im Familienkreis, und ich frage sie, ob es ihnen recht ist. Einer meiner Söhne sagt dann meist: „Tu´s, wenn du glaubst."

Haben Sie heute weniger Zusammenbrüche als früher? Ja, aber die Gefahr besteht immer noch. Nur ein Beispiel: Gerade vorhin hat die U-Bahn eine Notbremsung gemacht. Früher wäre das ein klassischer Auslöser gewesen und ich hätte mir zuschauen können, wie ich in die Bewusstlosigkeit kippe. Heute kann ich mich wehren.

Die Heilmeditation, die Lichtarbeit, die Arbeit mit den Engeln helfen mir dabei. Und das Bewusstsein, dass ich selbst Schöpferin und Gestalterin jedes Augenblickes bin, dass ich es selbst in der Hand habe, wofür ich mich entscheide – so oder so.

Haben Sie schon einmal ein Channeling erlebt? Ja, ganz am Anfang, ich war aber irritiert und skeptisch, und ich habe es dann im Raum stehen lassen. Eigentlich will ich mehr Kontakt zu meiner eigenen inneren Stimme. Die Impulse wahrnehmen und ernst nehmen, was kommt. Ich will, dass ich auch nicht immer mit dem Pendel nachfragen muss, sondern glauben, was ich spüre. Und endlich aufhören zu denken, ich könne mich erst dann entwickeln, wenn ich den Sanktus meiner Umwelt habe.

Wo finden Sie die meiste Unterstützung bei diesem Weg? Mein Ansprechpartner war immer Jesus. Wichtig ist mir auch der Erzengel Michael. Einerseits, weil ich sehr schutzbedürftig bin. Aber auch, weil ich diese Sehnsucht habe, dass die Fähigkeiten und Gaben, die in mir schlummern, endlich zum Fließen kommen. Dass bei mir das Stirnchakra endlich richtig aufgeht.

Das ist doch eh schon längst offen. Möchten Sie noch etwas sagen? Ja: Ich spüre die liebevolle Unterstützung und Begleitung der Engel auf dem Weg des Heilwerdens und des Heilens.

„Ein Engel für Veränderung und Verwandlung"

Maria, 34, intuitive Heilungsarbeit

Was war bei Ihnen die Initialzündung für Veränderung? Meine Bienenstichallergie. Mein Vater hatte Bienen am Bauernhof und es gab nie Probleme mit Bienen. Aber von heute auf morgen wäre ich fast an den Folgen eines Bienenstichs gestorben. Erst spürte ich ein Kribbeln, versuchte es mit kaltem Wasser, habe mich sogar ins „Schaffel" gestellt – es hat nicht geholfen. Etwas panisch sind wir dann zum Doktor gefahren. Auf dem Weg dorthin war ich weg: Kreislaufzusammenbruch, Erbrechen – ab ins Spital, Infusionen... Mein Vater wollte die Bienen sofort weggeben. Ich sagte aber, nicht wegen mir, es muss doch etwas anderes geben.

Und Sie haben sich auf die Suche gemacht ... Erst machte ich noch eine Desensibilisierung im Spital durch. Die habe ich aber abgebrochen. Daraufhin bekam ich vier verschiedene Medikamente, die ich immer dabei haben hätte sollen. Ich habe sie aber nie gebraucht – anscheinend war ich bereits „von oben" geschützt. Ich war ja schon bereit, etwas zu tun! So kam ich zur Kinesiologie und somit zu Ingrid. Die Allergie-Neutralisierung hat bestens funktioniert. Erst war die Biene dran, dann die Wespe. Dann kamen andere Themen. Dann kamen die Symbole.

Haben Sie die Symbole von Anfang an angesprochen? Sehr, ich habe mir gleich eins gekauft. Es war das Symbol „Engel für Veränderung und Verwandlung". Ich bin dann mit meiner Familie ziemlich bald aus meinem Elternhaus ausgezogen. Mit Veränderungen hat es aber nicht mehr aufgehört. Ich fing an, mich geistig zu entwickeln, machte eine Ausbildung nach der anderen – Metamorphose-Arbeit, Sensitive Gestaltmassage, Ausbildung zum Aromaexperten, Wellness-Trainerin...

Sprechen Ihre Kinder gut auf die Symbole an? Mein Sohn liebt sie. Ihm geht es genauso, wie es mir gegangen ist, als ich sie das erste Mal sah – er lässt alles zu. Einmal hatte Hannes (7 Jahre) schreckliche Bauchschmerzen. Ich habe ein Symbol aus dem Therapie-Set „Erkältung" genommen, habe es ihm auf die Stirn gegeben. Das Bauchweh war innerhalb von zehn Minuten weg. Einmal war er so was von unansprechbar, richtig starrköpfig. Er nahm aber zwei Symbole aus dem Chakrenset (blau und orange) an. Bald war er wieder ansprechbar. Mit ihm geht´s richtig gut.

Und mit dem Rest der Familie? Meine Tochter Franziska (10 Jahre) war am Anfang anders. Wenn ich wusste, sie braucht etwas, gab ich es ihr in der Nacht drauf, damit sie´s nicht merkt. In der Früh beschwerte sie sich dann. Wenn ich ihr aber dann zeigte, was besser geworden ist, akzeptierte sie es. Vor einer Schularbeit gab ich ihr einmal die Engel-Aura-Essenz Gabriel, für geistige Klarheit. Sonst hatte sie immer Rechenfehler, diesmal war´s ein „Sehr Gut"! Das hat auch sie überzeugt. Ja – heute kann sie sehr viel damit anfangen!

Mein Mann hingegen, der hält überhaupt nichts davon. Er hat aber akzeptiert, dass ich meinen Weg gehe und mich von nichts mehr abhalten lasse. Vorher musste ich allerdings lernen, mir wirklich sicher zu sein. Das war eine harte, schmerzhafte Prüfung.

Haben Sie selbst auch die Symbole bei sich angewandt?
Vor kurzem hatte ich Probleme mit der Lunge, man sah es sogar am Röntgenbild. Das war schlimm, denn mein Arbeitsplatz stand auf dem Spiel (ich arbeite im Kino an der Theke – da muss man bakterienfrei sein). Da habe ich 10 Tage lang zwei Lungensymbole getragen, Tag und Nacht dazu noch die Engel-Kombi-Essenz No. 43 | Loriel – „Die 7 Nothelfer Loriel" (drei Mal am Tag ein paar Tropfen). Nach zwei Wochen ging ich wieder zum Röntgen – alles war in Ordnung; für die Ärzte ein Rätsel. Das war wirklich sehr beeindruckend.

Wie spüren Sie eigentlich den Kontakt mit den Engeln?
Wärme, Kribbeln am ganzen Körper. Auch, wenn ich nur daran denke! Ich bekomme aber auch Anweisungen, was zu tun ist. So erzeuge ich seit neuestem Naturessenzen nach den vier Elementen Feuer, Wasser, Erde, Luft zur Aktivierung der Heilungskräfte. Ich verbinde diese Essenzen auch mit den Engel-Symbolen. Das geht wirklich wunderbar.

Haben Sie ein bedingungsloses Vertrauen zu den Engeln? Ich habe heute keine Angst mehr, mit Engeln zu arbeiten. Ich traue es mir zu. Mir wird geholfen. Heute kenne ich meine Lebensaufgabe und weiß, dass ich damit glücklich werden kann. Ich spüre es innerlich. Aber es gab eine Zeit, da habe ich mich mit Händen und Füßen dagegen gewehrt. Da fand ich nirgendwo Unterstützung und fiel in ein tiefes Loch aus Depression und Angst. Einzig und allein mein Sohn Hannes hielt zu mir.

Ist das Symbol „Engel für Veränderung und Verwandlung" noch immer für Sie gültig? Ja, jetzt steht die Trennung von meinem Mann an. Doch die Engel helfen uns auch hier, vor allem der Erzengel Zadkiel.

Wissen Sie: Wenn man betet, und trotzdem nichts weitergeht, steckt oft Karma dahinter. Zadkiel ist da der richtige Ansprechpartner, er hilft, karmische Verbindungen zu trennen, und schon geht der Loslösungsprozess weiter. Langsam zwar, dafür aber liebevoll. Denn das habe ich mir vorgenommen: eine Trennung in Harmonie. Früher war ich verzweifelt, wusste nicht, was tun. Heute rufe ich den Engel Zadkiel an und hülle uns alle in violettes Licht ein. Meine Kinder. Mich. Und meinen Mann.

„Wie kosmische Staubsauger"

Elfi, 51, Fußreflexzonenmassage, Cranion Fluid Dynamics, Opening Human Potential

Sie sind allein erziehende Mutter von vier Kindern und Lehrerin und arbeiten daneben noch mit kranken Menschen. Was bedeutet für Sie Krankheit? Krankheit würde ich als Ausdruck seelischer Nöte bezeichnen und als intensiven Hinweis, dass eine Veränderung angesagt ist. Es ist aber auch eine Chance, an Körper und Seele zu gesunden, wenn die Botschaft als Hilfe angenommen wird.

Warum sind Sie Therapeutin geworden? Ich verstehe mich mehr als Hilfestellerin für Menschen, die daran interessiert sind, eben diese Botschaft zu erkennen und zu verstehen. Menschen, die bereit sind, die Liebe als Heilmittel anzuerkennen, diese Liebe zu praktizieren und so einen Baustein zum Frieden zu setzen. Hauptsächlich bin ich durch meinen behinderten Sohn Michael auf diesen Weg gekommen.

Liebe als Kernelement der Behandlung? Ja. Bei fast allen Hilfesuchenden ist ihr körperliches oder seelisches Problem der Schlüssel, mit dem wir gemeinsam das Schloss zum Herzen, zur Liebe öffnen. Dazu kommen Gebete, Symbole, Meditationen, Prozessbegleitung, körperliche Übungen.

Engelsymbole fallen unter Alternativtherapie – wie und wann sind Sie auf die Idee gekommen, Engel in Ihre Arbeit einzubinden? Ich persönlich wende den Ausdruck Engel gar nicht an, da viele Menschen davon verunsichert sind. Für mich sind die Symbole Mittler für verschiedene Themen. Sie wirken wie „kosmische Staubsauger", die Blockaden und seelische Verletzungen abziehen.

Sie stellen also eine Erleichterung in Ihrer Arbeit dar? Sie verstärken meine Tätigkeit. Durch Symbole und Essenzen gibt es immer die Möglichkeit, „geistige Hausübungen" zu absolvieren. Ich orientiere mich dabei an den Wünschen der Klienten und an meiner eigenen Intuition. Mehr als fünf Symbole verwende ich in einer Sitzung nie.

Glauben Sie, dass diese Symbole für alle Menschen eine gute Möglichkeit der Behandlung wären? Nein. Wie etwa in der Homöopathie gibt es für jeden Menschentypus andere Mittel und Wege der Heilung.

Sie sind eine der wenigen, die alle Symbole 1 – 49 haben sowie alle 59 Engel-Therapie-Sets. Warum? Dies dürfte eine göttliche Forderung sein. Daher kommen auch Menschen mit all den Themen und mehr zu mir. Die Energie der Engelsymbole und Engel-Therapie-Symbole half mir, mich diesen enormen Anforderungen gewachsen zu fühlen. Heute brauche ich weder Pendel noch Test, für sie bin ich der richtige Therapeut.

Was war denn so das denkwürdigste Erlebnis der letzten Zeit? Ich hatte einen Patienten, der sich selbst als eher feige bezeichnet hat. Ja, er sagte, er sei einfach ein Feigling. Körperlich gesehen hat sich das in Bluthochdruck gezeigt. Ich befand den Erzengel Metatron als hilfreich, gab ihm die Essenz und das Symbol. Der Erfolg war für den Patienten völlig durchschlagend. Heute ist er ein „Held", ja er selbst nannte die Tropfen dankbar seine „Heldentropfen".

Und wie hoch ist das Interesse der Klienten an den Symbolen bzw. an den Engeln? An den Symbolen besteht sehr hohes Interesse. Aber nur ein Viertel meiner Kunden kann mit dem Begriff „Engel" etwas anfangen.

Ihr Kontakt zur geistigen Welt, hat sich der verstärkt? Der hat sich sehr verstärkt. Ich bin auch mit den für mich „richtigen" Menschen und mit Sai Baba zusammengekommen. Seitdem ich so intensiv mit suchenden Menschen zu tun habe, realisiert sich für mich fast alles, was ich seit nunmehr 17 Jahren erfahre.

Was hat Sie letztendlich überzeugt, gerade diese Symbole zu verwenden? Erstens anerkenne ich Frau Auer als 100%-ige Mittlerin und göttliche Botschafterin. Sie hat mir geraten, die Symbole in meiner Arbeit einzusetzen. Und die Praxis beweist es ja: Die Menschen wollen sie. Mehr und mehr und ganz von allein.

Sind sie ein gläubiger Mensch? Ich *glaube* nicht, ich bin mir gewiss, ich nehme göttliche Botschaften wahr. Und es erfüllt mich mit großer Dankbarkeit, Menschen aufzuzeigen, dass der Weg von Gott zu Gott führt, und dass ich sie dabei auf diesem Weg ein Stück begleiten darf.

„Egal ob wir an Engel glauben oder nicht – Engel glauben an uns!"

Barbara, 36, Zahnärztin

Sie sind Zahnärztin. Was verstehen Sie unter Gesundheit und wie würden Sie Krankheit definieren? Gesundheit hat für mich sehr viel mit Selbstliebe zu tun. Wieviel ein Mensch in Gesundheit investiert, ist oft auch Zeichen seines Selbstwertes. „Krank" ist ein Mensch oft, weil er sich selbst ablehnt oder an Zweifeln und Ängsten leidet. Klar – alles, was einen aus der Mitte bringt, macht früher oder später krank. Auch mangelnde Liebe zu sich selbst.

>>

Ich kann mir vorstellen, dass das für manch einen Arzt fast zu esoterisch klingt. Möglich. Bei mir jedenfalls hat Alternativtherapie einen sehr hohen Stellenwert. So biete ich seit zehn Jahren Hypnose-Behandlungen und Ayurveda an. Warum soll man sich das Leben nicht einfacher machen? Und die Behandlungen auch? Privat arbeite ich auch viel mit Feng Shui. Was hilft und unterstützt, ist bei mir herzlich eingeladen.

Demnach haben die Engel auch bereits Einzug in Ihr Leben gehalten? Sowohl in der Praxis als auch privat. Seit zwei Jahren ziehe ich für jeden Tag ein persönliches Engelsymbol, das ich dann in die Praxis mitnehme, um es bei mir zu haben. Und dann nehme ich noch welche für die Patienten mit.

Wie setzen Sie die Symbole da ein? Für mich hat es sich als praktisch erwiesen, sie bei Bedarf einfach in die Computertastatur zu stecken und um Hilfe zu bitten. Da sich das hinter dem Patienten abspielt, bekommt er gar nichts davon mit. Aber das braucht es auch nicht – die Symbole wirken von allein.

Stellen sie nachweislich eine Erleichterung für Ihre Patienten dar? Absolut. Beim Patienten und bei mir. Das hängt ja zusammen. Wenn der Therapeut, der Arzt, der Heiler in seiner Mitte ist, sind es die Patienten auch.

Was war denn so das denkwürdigste Erlebnis in Ihrer Praxis? Es kam einmal eine Patientin zu mir, die war recht negativ drauf. Ich sollte ihr wie vereinbart die fertige Brücke einsetzen. Zu meinem Schrecken aber passte sie überhaupt nicht! Die Zähne waren stark gekippt und ließen sich nicht eingliedern. Und das bei einem eh schon schwierigen Patienten! Ich mühte mich über eine halbe Stunde ab. Keine Chance. Da sagte meine Helferin – dieser Engel(!): „Hole doch mal deine Engelkarten!" Gabriel hatte ich dabei und ich steckte seine Karte in die Computertastatur. Dann schickte ich noch ein Stoßgebet nach oben und siehe da: Auf einmal konnte ich die Brücke eingliedern!

Physikalisch gesehen ist das überhaupt nicht möglich – doch Engel machen eben alles möglich. Danke!

Glauben Sie, dass diese Symbole für alle Menschen eine gute Möglichkeit der Behandlungsunterstützung wären oder nur für die, die auch an Engel glauben? Sicher für alle. Bei der Patientin mit der Brücke hat´s ja auch funktioniert! Noch einmal: Wenn die Schwingung in der Praxis stimmt, bemerken das die Menschen intuitiv. Egal, ob wir an Engel glauben oder nicht – Engel glauben an uns!

Wie stark ist Ihr persönlicher Zugang zu Engeln? Ich liebe meine Engel und sie lieben mich! Sie helfen immer. Ich fühle ihre Hinweise, wenn ich „laut" mit ihnen spreche. Und das ist keine Einbildung! Über das Medium Deborah Koye[5] finde ich alles bestätigt, was ich fühle.

Demnach hat Sie auch die Intuition dazu gebracht, diese Symbole auszuprobieren? Genau!

---

[5] Deborah Koye ist ein bekanntes Tieftrance-Medium, das in Deutschland lebt. Sie channelt Engel und Naturwesen. Als spirituelle Künstlerin malt sie in Halbtrance Engel- und Kraftbilder.

Demnächst erscheint ein weiteres Buch von Ingrid Auer, das noch spezifischer auf Therapien eingehen wird und neue Symbole beinhaltet. Das heißt, Sie könnten bald noch intensiver damit arbeiten. Fühlen Sie sich davon angesprochen? Ja, sehr! Ich habe die Symbole bereits gesehen, letztes Mal, als ich in Salzburg bei Deborah in einer Sitzung war. Ich freue mich schon darauf!

Glauben Sie, dass auch andere Ärzte die Symbole einsetzen würden? Oder glauben Sie, dass es da (noch immer) starke Vorbehalte gibt? Lassen Sie es mich so sagen: Die Zeit arbeitet für uns. Lange kann es nicht mehr dauern, bis sich mehr und mehr Menschen öffnen.

Wie, glauben Sie, könnte man Ärzte für diese feinstofflichen Heilschwingungen gewinnen? Versuchen Sie es doch mal mit Anzeigen in Fachzeitschriften. Wer nicht weiß, dass es so etwas gibt, kann es auch nicht ausprobieren!

Vielen Dank für dieses Interview!
Danke auch und noch viel Erfolg in der Zukunft!

... und Menschen, denen geholfen wurde

„Engel für die ganze Familie"

Sophia, 35, Krankenschwester

Wie sind Sie mit alternativen Heilungsmethoden in Kontakt gekommen? Meine Kinder waren schwere Allergiker. Mein Ältester hatte Asthma, mein Jüngerer, Philipp, ständig Durchfall. Er hat nichts essen können und hatte nur Schmerzen. Wir haben dann viele Sachen versucht, waren bei Geistheilern, bei Kinesiologen, bei Ärzten. Jeder sagte was anderes. Geholfen hat nichts. Eines Tages sagte meine Ärztin: „Ich habe da einen Prospekt gekriegt, probieren Sie´s doch aus." So lernte ich Ingrid kennen.

Was war an der Behandlung so überzeugend? Ich hatte gleich ein gutes Gefühl. Es wurde mir einfach bestätigt, was ich insgeheim gewusst hatte. Mir war auch gleich verständlich, dass die Behandlung über meine Person läuft. Ich habe so eine innige Verbindung zu meinen Kindern, dass es für mich logisch war, dass mein Kind bei mir ist, auch wenn es nicht da ist.

Sie wurden statt der Kinder behandelt? Die Kinder wurden über meinen Körper behandelt. Als Mutter oder

Vater ist man doch über die Schwingung immer mit seinem Kind verbunden. Man kann auch über ein Foto arbeiten, anfangs haben wir das auch getan. Heute verwende ich die Symbole selber und behandle auch die Kinder selber.

Welche Konsequenzen hatte Ihr Besuch bei Ingrid Auer? Vorher hatte ich meine gesamte Kochkunst für fast drei Jahre komplett umstellen müssen, durfte beispielsweise kein Weizenmehl, keinen Zucker verwenden. Heute kann Philipp wieder alles essen, seine Allergien sind komplett verschwunden. Bei Jürgen ist das Asthma erheblich besser geworden. Wir wohnen nämlich auf dem Land, inmitten von Wiesen, da wird den ganzen Sommer Heu eingefahren. Es war schon so weit, dass er nicht mehr draußen spielen konnte. Heute geht das wieder.

Wie ist Ihr Bezug zu Engeln? Heute sehr intensiv.

Aber nicht immer gewesen? Wie soll ich sagen – ich bin zwar religiös aufgewachsen, mit Kirche und Pfarrer usw. Davon unabhängig waren Gottvertrauen, Glaube immer da. Das mit den Engeln ist schön langsam gekommen, ist gewachsen. Jetzt gibt es ein sehr intensives Verhältnis zur Engelwelt, wo ich mich wohl, wo ich mich geborgen fühle und wo auch etwas kommt, mit dem ich etwas anfangen kann.

In welcher Form? Ich bekomme Nachrichten, die ich für mich und andere niederschreibe. Ich bin heute auf dem Punkt, wenn ich Fragen habe, frage ich und dann erhalte ich Antworten, die ich auch verstehe. Ich habe Kontakt zu meinen Schutzengeln. Habe mehrere Channelings gemacht. Schreibe Gebete, lasse mich von den Erzengeln führen. Und ich schaue, dass ich mich und meine Kinder immer in den göttlichen Schutz, in die Liebe stelle. Das mache ich regelmäßig, in der Früh, das ist wie eine Meditation.

Stellen Sie auch Ihren Mann in den Schutz? Da darf ich es nicht mehr machen – die Engel meinen, er ist alt genug, es selbst zu tun. Aber ich erinnere ihn daran.

In Ihrer Familie hat sich also viel verändert? Es ist alles viel harmonischer geworden. Anfangs sagte mein Mann noch: „Wenn es nicht hilft, kann es auch nicht schaden." Heute, nachdem die Kinder geheilt sind, ist er begeistert, empfiehlt diese Behandlung sogar seinen Freunden weiter. Mutter und Vater kommen, wenn sie etwas brauchen, und wenn meinen Kindern etwas weh tut, kommen sie und sagen: „Mutti, bitte um ein Symbol."

Die Kinder wissen, dass das Engelsymbole sind? Ganz genau. Sie legen sich die Symbole unter ihr Kopfkissen, wenn sie krank sind. Das machen sie selbstständig – für sie ist das ganz normal. Manchmal muss ich sie sogar bremsen, weil sie gar so begeistert sind, und andere Leute vielleicht nicht so viel damit anfangen können …

Engel für die ganze Familie … Bis hin zu meiner Oma. Sie war sehr alt, total pflegebedürftig, wollte eigentlich schon gehen, hatte aber eine Riesenangst vorm Sterben.

Gott sei Dank war sie ein sehr gläubiger Mensch. Sie hat den Kontakt mit den Engeln gutgeheißen, wollte sogar ein Persönliches Symbol. Es hat ihr auch sehr geholfen. In der Zeit habe ich viel mit dem Erzengel Michael gearbeitet, der steht ja für Sterbebegleitung. Gegen Ende habe ich nur mehr mit dem Symbol No. 36 „Loslassen" (Engelsymbole 1 – 49) gearbeitet. Und mit der Essenz – ich habe sie ihr in den Nabel getropft. Da habe ich gespürt, jetzt ist sie bereit. In der gleichen Nacht ist sie gestorben.

Welche Symbole würden Sie weiterempfehlen? Oh, da gibt es viele. Ganz wichtig war für mich der Engel für Loslassen, anfangs habe ich meine Kinder ja ein wenig überbehütet, auch weil sie immer krank waren. Mir persönlich ist es dann mit der Essenz No. 36 viel besser gegangen. Der Engel für Loslassen ist auch gut für Besetzungen, und hier auch besonders für Haustiere. Dann finde ich, dass die Therapiesets bzw. die Essenzen No. 4 | Aniel – Erkältung, No. 11 | Lunael – Viren und Bakterien und No. 7 | Carmiel – Immunsystem in die Hausapotheke gehören. Mit ihnen kann man wirklich viel abfangen. Dann die ganzen Öle – ich mag Öle sehr gerne. Zum Beispiel das Kindernotfallsöl No. 3, das möchte ich nicht missen, auf keinen Fall. Ob ich´s jetzt ins Badewasser gebe oder meine Kinder einöle, wenn sie hingefallen sind ... Es hilft wirklich zu 99 %, es riecht gut und die Streicheleinheiten sind auch dabei. Apropos Kinder: Hilfreich finde ich die Aura-Essenz für Konzentration. Wenn bei uns im Haus zum Beispiel Besuch ist und die Kinder daneben lernen müssen, ist diese Aura-Essenz ein wahrer Segen.

Was war denn so das Eindrucksvollste in letzter Zeit? Die Erfahrung mit meiner Mutter: Sie ist schwere Diabetikerin und hatte eine ganz entzündete Zehe und große Schmerzen. Nichts half, kein Medikament, keine Salbe. Schließlich gaben wir ihr aus dem Therapiesatz No. 48 | Dariel – Diabetes ein Symbol auf die Zehe. Tag und Nacht. Und wirklich, schon nach einem Tag ging die Rötung zurück, jeden Tag ist Eiter herausgekommen – es war wirklich nur das Symbol. Ich bin Krankenschwester und weiß – der Fuß hätte nie so reagieren dürfen. Die Schmerzen sind dann zurückgegangen, es ist wirklich ganz schön geworden.

Jetzt sind Sie hauptberuflich Mutter. Möchten Sie später wieder in Ihrem Beruf arbeiten? Als Krankenschwester in einem klassischen Spital nicht mehr. Damals war es für mich o.k., aber heute, mit dem Wissen, was wirklich möglich ist... In der Altenbetreuung oder in einem Hospiz, da könnte ich mir gut vorstellen, dass dabei die Arbeit mit den Engeln zum Einsatz kommt. Das ist sicher die Zukunft.

Kommen andere Menschen aus dem Ort auch zu Ihnen? Fallweise fragen mich Freunde und Verwandte um Rat. Da fällt mir was Lustiges ein – kürzlich habe ich unserer Fußballmannschaft Tropfen verabreicht, für mehr Stärke während des Spieles.

Haben sie gewonnen? Ja, die Meisterschaft in ihrer Klasse.

„Ist da jemand? oder: Wie man Geister wieder los wird"

Elisabeth, 38, Lehrerin

Wie sind Sie zu den Engelsymbolen gekommen?
Eigentlich war ich bei Margit Sklenar zum Massieren. In der Praxis sah ich Ingrid und dachte mir, so eine interessante Person, was macht die wohl. Dann habe ich die Symbole 1 – 49 auf dem Fester kleben sehen, und sie haben mich sofort angesprochen. Vor allem die Farben und die Formen haben mich fasziniert. Ich habe ihr gleich den Prototypen entrissen (Nr. 4 – Engel für Reinheit und Klarheit). Dann kamen Nummer 11 (Engel für Geborgenheit und Sicherheit) und die Nummer 8 (Engel für Richtung und Ziel). Besondere Wirkung spürte ich dann bei meinem Persönlichen Symbol.

Was haben Sie gefühlt? Das war faszinierend. Wie ich es mir aufgelegt habe, auf die Herzgegend, da war ein Gefühl der *(Elisabeth öffnet ganz weit die Arme, lächelt)* Expansion, es ist alles so weit geworden. Ingrid sagt immer, ich spüre so viel. Stimmt, manche Symbole spüre ich ganz intensiv.

Zu alternativen Methoden haben Sie demnach einen guten Zugang? Ich möchte eigentlich alles, was nur irgendwie geht, mit alternativen Methoden kurieren. Wobei ich die Schulmedizin nicht ausschließen möchte, aber mit alternativen Methoden habe ich seit Jahren gute Ergebnisse. Es fühlt sich einfach gut an.

Gab es vorher schon einen Bezug zu Engeln? Nicht wirklich, außer, dass man halt ein Bild von seinem Schutzengel irgendwo hängen gehabt hat als Kind, aber so einen wirklich lebendigen Kontakt, den gab es nicht. Jetzt aber ist alles so stimmig und so klar. Was durch die Religion existiert hat, aber nie so richtig gelebt hat, hat plötzlich zu leben begonnen. Ich war auch bereits bei dem Trance-Medium Deborah Koye und habe schon mit drei verschiedenen Schutzengeln von mir gesprochen.

Was war denn das Eindrucksvollste, das Sie mit den Engeln erlebt haben? Das waren die Besetzungen letzten Herbst. Ich habe darüber ein Tagebuch geführt. Ohne die Hilfe der Engel wäre ich verrückt geworden. Begonnen hat es immer mit Gänsehaut auf der linken Körperhälfte. Mir war aber weder kalt noch sonst etwas. Täglich zwischen fünf und sieben am Abend befiel mich dann eine extreme Müdigkeit.

Gott sei Dank fiel mir dann die Aura-Essenz „Energetische Reinigung" in die Hände. Sofort hatte ich das Gefühl von Licht und Leichtigkeit. Ich ergänzte es dann noch mit Symbolen aus dem Therapieset No. 24 | Sorael – Fremdenergien, und auch das war beeindruckend. Als ich das Symbol auf die Wirbelsäule zwischen die Schulterblätter gab, war es, wie wenn etwas aus mir rausgesogen würde. Innerhalb von zehn Minuten habe ich mich wunderbar gefühlt. Auch das Symbol am Dritten Auge wirkte sehr befreiend.

Und immer wenn Sie angezapft wurden … … ging ich in Meditation, nahm die Symbole und schickte diesen Wesen Licht. Ich habe das dann auch noch von anderer Seite bestätigen lassen. Ich ging zu einer Frau, die die Aura abtasten kann, weil ich ebenso an Schwindel litt. „Das ist komisch!", sagte diese, „Sie haben nicht wenig, sondern zu viel Energie." (Ich hatte eben wieder Besuch.) „Da ist irgendjemand da…", sagte sie noch. Ich hatte ihr nichts von den Besetzungen erzählt…
Auf jeden Fall arbeitete ich so zwei Wochen lang. Dann hatte ich Ruhe. Heute ist es weg. Sollte ich einmal irgendwelche Anzeichen spüren, greife ich einfach zur Aura-Essenz.

Gibt es noch so ein befreiendes Erlebnis? Einmal hatte ich Parasiten, also einen Ausschlag mit roten Bläschen. Ich nahm dann Tropfen (No. 8 | Armiel – Parasiten), nach einer Woche war alles weg. Schulmedizinisch ist das ein oft langwieriger Prozess.

Können Sie auch anderen helfen? Ja, mit Hilfe des Buches „Heilende Engelsymbole". So konnte ich meinem Freund helfen, der erst kürzlich sein Heimatland verlassen hat, um hier mit mir (uns – ich bin schwanger) zu leben. Ich zog den Schutzkreis, um ihm dies zu erleichtern und zog mit Hilfe eines Pendels passende Karten. Das Interessante daran war: Jede Karte sagte: „Finde den Weg zu deiner inneren Weisheit". Jedes Symbol auf den Karten war orange, eine Farbe, die sehr stark ist und die meinen Freund sehr anspricht. Am nächsten Tag zog ich noch als Bestätigung den Erzengel Metatron. Seine Botschaft lautete: „Mach, was du wirklich willst!"

Für Sie beide sind Engel ein Bestandteil des Lebens geworden? Immer mehr. Erst kürzlich hatten wir ein Engelseminar und zogen Karten, jeder für sich und für uns gemeinsam. Sie waren wirklich so hilfreich, so passend. Ich werde bald unser Baby zur Welt bringen und verwende natürlich auch die passenden Symbole.

Ich trage sie Tag und Nacht. Den Erzengel Raphael auf dem Bauch, zur Stärkung der Gebärmutter (ich habe viele Verwachsungen und Myome) und den Erzengel Michael, weil mein Baby die Farbe Blau liebt.

Woher wissen Sie das? Das hat mir mein Schutzengel verraten.

7 Wochen später >>

Gratulation, Sie haben jetzt eine gesunde Tochter! Wie war die Geburt? Davon weiß ich nicht viel, Laura ist wie geplant mit Kaiserschnitt zur Welt gekommen. Ein gesundes Baby, und speziell in meinem Fall ein Wunder! Sagt zumindest der Arzt. Ich habe nämlich so starke Verwachsungen an der Gebärmutter, dass ich 15 Jahre lang nicht schwanger werden konnte. Und selbst wenn, die Chance auf ein gesundes Baby war gering.

Doch nun ist Laura da! Und wie waren die ersten Wochen Mutterglück? Recht anstrengend, ich gebe es zu. Laura hat viel geschrien, pausenlos, ist lange Zeit einfach nicht angekommen und war immer so voll Angst! Wenn ich nur kurz aus dem Raum gegangen bin, war sie schon in Panik. Mich hat es völlig fertig gemacht, ihr nicht helfen zu können, wenn sie so angsterfüllt geschaut und geschrien hat.

Nichts brachte Erleichterung, auch die Engel-Aura-Essenz zur Kinderberuhigung nicht. Bis Ingrid die Idee hatte, es mit der Aura-Essenz gegen Fremdenergien zu versuchen. Es klappte! Anscheinend nimmt Laura Dinge wahr, die wir gar nicht sehen können.

Hoffentlich immer mehr Engel! Ja, davon bin ich ganz überzeugt! Menschen, die mit Engeln arbeiten, liebt sie überhaupt ganz besonders. Ingrid hat sie förmlich angestrahlt, und wenn ich mir mein Engel-Channeling von Deborah Koye auf Kassette anhöre, da reißt sie die Augen auf, da bekommt sie so einen strahlenden Blick. Ganz unbeschreiblich ist der, voller Seligkeit. Natürlich kann man sagen, das ist Zufall …

… Aber wir drei wissen es besser!

„Das muss schon von einem selbst kommen"

Clemens, 18, Maturant

Du bist ja durch die Aktivitäten deiner Mutter zwangsläufig von Engeln umgeben … Also früher war ich sehr dagegen, das war so in der Pubertät. Meine Mutter hat mich aber in Ruhe gelassen. Später hat sie meiner Schwester und mir ein Engelkarten-Set geschenkt. Wenn wir Fragen hatten, haben wir sie dann an die Engel gerichtet.

Bekamst du Antworten, mit denen du etwas anfangen konntest? Auf jeden Fall. Auch wie die Lösungswege beschrieben worden sind, wie man das Ganze auflösen kann, das war eine Stütze. Damals gab es in der Klasse ein ziemlich schlechtes Klassenklima. Auch wenn da jetzt einige lächeln, aber da haben die Engel auch geholfen.

Was genau ist da passiert? Meine Mutter und ich haben die Klasse „umgepolt". Wir haben einen Zettel angefertigt mit den Namen von den Kameraden, einen Rosenquarz daraufgestellt und Kerzen angezündet. Dann haben wir mit den Engelkarten die Negativität rausgezogen.

Hat es funktioniert? Ja! Man sieht den Unterschied zu den anderen Klassen. Unsere ist heute wirklich eine einzige Familie und wir sind alle todtraurig, dass wir Matura haben und uns trennen müssen.

Hast du auch schon einmal ein Channeling erlebt? Zweimal. Das erste war vor zwei Jahren, ich hatte so viele Fragen, die ich durch die Karten nicht mehr beantworten konnte. Es hat mich in meinem Weg bestätigt. Ich habe dann auch meine Ernährung umgestellt, wie empfohlen, und bin seitdem nicht mehr müde.

Hast du das Gefühl gehabt, du sprichst mit deinem Schutzengel? Auf jeden Fall nicht mit einer Person, die sich verstellt, sondern mit irgendjemand Höherem, jemandem, der über uns steht und der auch sehr genau über mich Bescheid weiß. Der mich versteht und der auch meine Fragen versteht und eigentlich schon darauf gedrängt hat zu antworten.

Nach dem Channeling habe ich die Fingerspitzen aufeinander gelegt, da ist so eine Wärme und so eine Energie entstanden, ich war völlig ausgeglichen und hatte einen Schutzpolster von mehreren Metern.

Was sagen deine Freunde dazu? Die engsten Freunde wissen einiges, aber nicht alles. Ich will sie auch nicht beeinflussen, sie sollen selber draufkommen. Ich sage ihnen vielleicht, das gibt es auch, wenn ihr was damit anfangen wollt, dann zeige ich euch mehr.

Du hast ja das Entstehen der Symbole mitbekommen. Wie war das für dich? Auf einmal klebten sie am Fenster. Für mich war die Frage, wo meine Mutter das hernimmt. Sie hat uns einfach vermittelt, es kommt aus ihr heraus.

Anfangs war ich skeptisch, wie man allem Neuartigen sekptisch gegenübersteht ...

Aber heute verwendest du sie? Ja. Ich bin Allergiker, auf zig Pollen allergisch und habe von April bis Juni keine Ruhe. Es ist wirklich arg – mir tränen die Augen, ich habe einen unheimlichen Schnupfen, ein Kratzen im Innenohr. Die kinesiologischen Löschungen haben funktioniert, aber relativ spät. Da war die Allergie dann auch schon fast vorbei.

Und dann kommen Jahr für Jahr neue Allergien dazu, auf Blumen, Gräser, Bäume. In einem Jahr haben wir 70 verschiedene Blüten gelöscht! Voriges Jahr probierten wir dann eine neue Kombination – und das hat geholfen.

Was habt ihr probiert? Wir nahmen ein Allergiesymbol, den Erzengel Michael als Verstärker (beide gab ich mir auf die Thymusdrüse) und die Essenz No. 10 | Nithael – Allergien und Unverträglichkeit. Die Allergie war nach einigen Tagen komplett weg.

Und kam nie wieder? Das ist interessant: Ich nahm nach einiger Zeit die Symbole runter, nach zwei Tagen war die Allergie wieder da. Ich gab die Symbole wieder auf den Körper, die Allergie war weg. Ich habe sie dann draufgelassen bis die Zeit um war und hatte wirklich das ganze Jahr über keine Probleme mehr. Die Freude meiner Mutter war natürlich enorm – endlich ein so richtig handfester Erfolg. Es war augenfällig – die Nase ist nicht mehr geronnen, die Augen waren komplett trocken, es hat nichts mehr gekratzt. Dieses Jahr werden wir es genauso machen.

Glaubst du, dass es anderen auch so hilft? Ich habe einen Freund, der leidet auch schon sehr unter Allergien, den könnte ich darauf ansprechen. Aber ich denke mir, jeder muss seine eigene Kombination finden. Bei mir haben die Symbole und die Essenz auch nur gemeinsam gewirkt, nicht getrennt.

Hast du mit anderen Symbolen auch gearbeitet? Nein, aber mit Engel-Essenzen und Engel-Kombi-Ölen. Außerdem verwende ich täglich die Engel-Aura-Essenz „Energetische Abgrenzung".

Was sind Engel für dich? Ansprechpartner. Ein Engel ist jemand, der präsent ist. Der mehr weiß, als man selber weiß. Der genau weiß, was zu tun ist und der sich auch ins Fäustchen lacht, wenn man Irrwege geht.

Bewunderst du deine Mutter? Sie ist einer der wichtigsten Menschen in meinem Leben. Wie sie ist und wie sie ihre Pläne durchzieht. Einfach alles. Auf jeden Fall ein Vorbild.

Die Großeltern arbeiten ja auch bereits recht fleißig mit? Ja, das ist witzig. Aber das ist völlig von selbst gekommen. Wie bei mir, ohne jeden Zwang. Ich glaube auch nicht, dass man mit recht viel Überreden irgendetwas erreicht. Das muss schon von selbst kommen. Wenn man aber die Möglichkeiten vermittelt bekommt, ist es leichter. Man lebt mit dem mit, man wächst in das hinein, es war ein sehr kontinuierlicher Prozess. Wenn man nicht plötzlich darauf angesprochen wird, wie in diesem Interview, ist es selbstverständlich.

Möchtest du noch etwas sagen? Ich glaube, es ist sehr wichtig, dass – egal um welches Problem es sich handelt – eine Bewusstseinsänderung erfolgt und dass sie auch durch die Karten unterstützt wird. Es ist wichtig, dass man Probleme auch anders sieht und sich nicht fragt: Warum das, warum gerade mir? Sondern dass man damit umgehen lernt. Dass einem die Karten das sehr genau aufzeigen und dass man sich davor nicht drücken kann.

Da bist du ja schon sehr weit, wenn du das heute bereits weißt!

Einige Monate später >>

Na, Clemens, wie war die heurige Pollensaison? Wir haben heuer einige Allergie-Symbole und die Engel-

Kombi-Essenz No. 10 | Nithael – Allergien und Unverträglichkeiten kombiniert verwendet. Diesmal brauchten wir jedoch wieder eine andere Kombination von Symbolen. Unterschiedliche Allergien – unterschiedliche Kombinationen. Als wir diese gefunden hatten, war alles im Lot.

Und die Matura? Bestanden!

„Wenn´s dir wirklich schlecht geht, kommt sogar ein Erzengel"

Ilse, Pianistin; und Hiroko, Sängerin

Hiroko: Gibt es in Japan Engel? Ja, sicher! Leider sind wir sehr fortgeschritten, sehr technisch orientiert. Daher ist der Kontakt abgerissen. Und es gibt auch sehr viele verstorbene Seelen, es gab ja viel Krieg bei uns.

Das sind aber keine Engel ... Nein, aber die Menschen beschäftigen sich viel mit ihnen. Oder umgekehrt.

Wann sind Ihnen die Engel dann begegnet? In Österreich, über eine Freundin, die selbst ein Medium ist. Sie hat mir auch den Impuls gegeben, selbstständig zu arbeiten.

Das heißt, Sie sind auch ein Medium? Wenn ich es brauche, mache ich es. Ich verbinde mich mit dem Göttlichen, höre mir zu, was ich sage, oder schreibe mit. Ich könnte auch andere aus mir sprechen lassen, alte Meister, Wesen.

Woher wissen Sie das? Wir saßen einmal beisammen, nahmen Kontakt auf. Da sagte mir meine Freundin – du, der versteht uns nicht. Sprich mal japanisch.

Und? Dann hat er sich auf japanisch vorgestellt. Es war eine alte Seele, schon 150 Jahre lang verstorben. Aber mir war dann eigentlich klar, ich brauche mir von einem Fremden nichts sagen lassen. Ich habe es dann noch mit meinem Schutzengel besprochen, und der hat mir bestätigt: Konzentriere dich auf die Arbeit mit den Engeln, aber arbeite allein.

Hiroko – wie haben Sie die Engelsymbole entdeckt? Ich hatte ein Jahr lang pausiert, wollte nichts Spirituelles tun. Das Jahr war um, und ich war auf der Suche. In einer Buchhandlung sah ich das Buch „Heilende Engelsymbole". Es hat mich so sehr angesprochen, dass ich es gleich gekauft habe.

Welche Erfahrungen haben Sie damit? Die Karten sagen mir, was mich so ungefähr erwartet. So war die erste Karte, die ich zog, die Karte für Geduld. Ich konnte gar nichts damit anfangen. Dann aber musste ich wirklich lang auf einen Gesangsschüler warten, der sich zuvor noch nie verspätet hatte.

Ich dachte noch immer, das wäre Zufall. Am nächsten Tag aber war es wieder so, da verspätete sich dann ein anderer. Der Dritte kam dann gleich gar nicht. Da sah ich den Zusammenhang.

Ziehen Sie eine Tageskarte, um sich zu orientieren? Nicht nur. Mit den Karten kann ich auch eine nicht passende Energie löschen, neutralisieren. Ich spüre auch in der Wohnung viel mehr Harmonie. Die Karten wirken ja ganz eigenständig. Ich lege sie mir auch auf bestimmte Chakren und mache die Meditationen. Und ich ziehe jeden Tag vier Karten für Ilse. Da wirken sie besonders gut.

Können Sie ein Beispiel erzählen? Ja, da hatte ich die Karten noch nicht einmal einen Tag. Und Ilse hatte wieder so viel Schmerzen im Knie und in den Gelenken und legte sich ein bisschen nieder. Ich beschloss das Buch gleich auszuprobieren und zog eine Karte für sie.

Intuitiv? Ja. Ich las dann nach, dass sie etwas mit den Gelenken zu tun hatte und legte sie auf den Tisch. Ilse legte sich in der Zwischenzeit nieder, und als ich ins Zimmer kam, schlief sie tief und fest. Nach zwei Stunden kommt sie dann zu mir und sagt: „Stell dir vor, das Knie tut mir seltsamerweise nicht mehr weh." Dann habe ich ihr das mit den Karten erzählt.

Ilse, haben Sie das annehmen können? Ich bin für jede Hilfe offen. Trotzdem war das mit dem Knie wie ein Wunder. Man kann da auch nicht von positivem Denken sprechen. Ich hatte ja keine Ahnung, was Hiroko macht.

Wissen Sie, welches Symbol das war? Am Anfang hat mich das nicht interessiert. Heute spüre ich, dass ich einen sehr guten Zugang zu Engeln habe.

Wann kommen die Engel zum Einsatz? Einmal musste ich ein Konzert halten in einer Kapelle. Die Leute sind im Pelzmantel gekommen, so eiskalt war es – und das bei meinem Rheuma! *Hiroko:* Ich war sehr beunruhigt, weil sie soviel spielt, und denke mir, um Gottes Willen, das wird zu viel sein, und das lange Autofahren...

Und zogen eine Karte? Hiroko: Ja. Wie ich Metatron gezogen hatte, dachte ich, das muss gut gehen. *Ilse:* Und es ging alles gut. Ich habe wirklich keine Schmerzen beim Spielen gehabt. *Hiroko:* Und ich dachte mir, schau, wenn´s dir wirklich schlecht geht, dann kommt sogar der Erzengel, als Schutz!

Ilse, ist Ihnen so etwas noch einmal passiert? Kürzlich erst, da sollte ich Rachmaninov spielen, ich liebe Rachmaninov, aber er ist so anspruchsvoll zu spielen, und ich habe mir meine Finger bei dem Üben total ruiniert – ich bekam sogar Infiltrationen in die Finger, es war sehr,

sehr schmerzhaft und ich war wirklich total verzweifelt. Ich legte meine Hände auf die Karten und habe gebeten, dass die Engel etwas tun sollten.

Was geschah? Vor meinen Augen erschien ein goldgelbes Kreuz, das war imponierend. Und am nächsten Tag rief mich mein Sänger an, total zerknirscht, und sagte, der Rachmaninov sei viel zu lang, ob ich nicht bitte, bitte etwas anderes einstudieren könnte. Don Giovanni hatte ich auf Lager...

Man muss Sie von der Kraft der Engel nicht mehr überzeugen ... Soll mich ruhig jemand für verrückt erklären. Seitdem ich mich mit Engeln beschäftige, passiert mir pausenlos etwas und ich kann nur „danke" sagen. Danke für die Hilfe. Es ist enorm, dass ich meine Finger nicht mehr quälen muss. Danke, dass ich Antworten bekomme.

Was war das Schönste, was Ihnen vermittelt wurde? Dass meine Lieder Sinn machen. „Trage deine Liebe zur Musik hinaus in die Welt", sagte der Engel, „sie wird gebraucht. Die von dir erzeugten Schwingungen öffnen die Herzen!"

Fasziniert Sie der Kontakt mit den Engeln? Ich bin neugierig, was kommt, erwarte aber auch nichts Großartiges. Ich glaube, es ist wichtig, dass man keine Erwartungen setzt. Dass man locker bleibt und sagt, ich bin bereit, alles aufzunehmen. Aber Sie haben Recht – es fasziniert mich. Mit meinem Engel hab' ich einen Riesenspaß.

Sechs Monate später >>

Hiroko, Sie haben Fantastisches zu berichten Ja, man kann es nur so sagen. Ich habe so große, so positive Erfahrungen mit den Engelkarten, vor allem mit dem Legen von Schutzkreisen, dass ich es wirklich gerne erzähle. Es ist noch nicht lange her, da wäre unser Hund Terry fast gestorben. Er hat Gift gefressen, wir sind zum Tierarzt und der stellte fest, dass bereits 90 % seiner Leber vollkommen zerstört waren! Eigentlich wollte ihn der Tierarzt gleich einschläfern, dann sagte er noch: „Na gut, wenn er morgen noch lebt, bringen Sie ihn vorbei!" In der Nacht legte ich den großen Schutzkreis um Terrys Foto und wir haben gebetet. Und nun?

Sehen Sie ihn sich an. Er springt ganz lebendig herum! Wie der Hund überleben konnte, ist dem Tierarzt nach wie vor ein Rätsel. Mir eigentlich nicht...

Bei Menschen haben die Schutzkreise auch gewirkt ... Ja, eine Freundin von mir hatte Krebs und es ging ihr sehr schlecht. Wieder habe ich einen Schutzkreis um sie gelegt. Sie hat sich mittlerweile erholt. Mit einer anderen Freundin habe ich das gleiche erlebt. Und mit vielen, vielen anderen Menschen auch.

Es geht so einfach: Wenn ich kein Foto zur Hand habe, dann schreibe ich den Namen auf ein Stück Papier. Rundherum lege ich den großen Schutzkreis und lasse ihn liegen, bis er wirkt. Einmal hatte eine Freundin von mir große Probleme mit ihrem pubertierenden Sohn. Er wollte gar nicht mehr lernen und nur mehr bei seiner Freundin sein. Ausziehen wollte er auch, und meine Freundin war schon ganz verzweifelt. Ich dachte mir: Probieren kann man es ja …

Und hat der Schutzkreis gewirkt? Ja, binnen weniger Tage. Ich habe wirklich die allerbesten Erfahrungen und bin dankbar, dass ich sie in diesem Buch weitergeben darf.

Ich danke auch Ihnen ganz herzlich.
Bitte seien Sie weiterhin so fleißig!

„Die Beschwerden verschwanden fast schlagartig"

Irene, 49, Lehrerin

Wie sind Sie zu dieser Therapieform gekommen? Seit fast fünfzehn Jahren beschäftige ich mich mit feinstofflichen Energien, habe mich auf Bachblüten spezialisiert, auf Kinesiologie und EDU-Kinästhetik. Mit Engeln hatte ich bislang nicht so viel zu tun, bis ich eines Tages durch eine leidvolle Erfahrung den Zugang gewann.

Erzählen Sie bitte von Ihren Erfahrungen. Ich hatte einen sehr komplizierten Knöchelbruch, musste operiert werden und es ging mir gar nicht gut. Natürlich habe ich sofort mit Rescue-Tropfen gearbeitet, aber es schien, dass ich ein Medikament gar nicht vertragen würde. Ich bekam Magenprobleme und allergische Ausschläge. Ingrid schickte mir die Ersthilfe ins Spital: eine Kombination der Kombi-Essenzen 1 (Lariel), 10 (Nithael) und 32 (Soriahel).

Und es ging Ihnen gleich besser … Binnen zwei Tagen, ja. Ganz ehrlich muss ich sagen, dass die Ärzte in dieser Zeit das Mittel dann auch abgesetzt hatten. Aber innerlich habe ich schon vermutet, dass es die Hilfe der Engel war. Vor allem, weil es weiter ging. Wieder zu Hause, musste ich täglich nieder-molekulares Heparin injizieren. Mir wurde aber jedesmal schrecklich übel, ich bekam Kopfschmerzen, Beklemmungen und Kreislaufbeschwerden. Keinesfalls durfte ich die Medikamente absetzen! Da traten die Engel ein zweites Mal auf den Plan.

Lassen Sie mich raten, Erzengel Raphael, der ja für Heilung steht, war mit dabei? Genau. Erstens nahm ich die Essenz Nithael weiter. Dann brachte mich Ingrid auf die Idee, das Medikament mit den Engelkarten Nr. 4 (Klarheit und Reinheit) und Nr. 46 (Erzengel Raphael) zu energetisieren. Es war wirklich verblüffend: Die Beschwerden verschwanden fast schlagartig. Ich konnte das Medikament fortan problemlos weiter verwenden!

Das ist sicher eine gute Neuigkeit auch für andere Patienten. Denke ich auch – Medikamentenallergien und -unverträglichkeiten kommen ja oft genug vor. Vielleicht funktioniert es bei anderen auch so schön wie bei mir!

Und haben Sie das Medikament eigentlich energetisiert? Ich habe es einfach auf die Karten gelegt. Eine neue Medikamentenpackung liegt eine Nacht auf dem Stapel, bevor ich sie verwende. Manchmal, wenn ich das Gefühl habe, ich brauche es, lege ich mir die Karten auch noch auf den Körper.

Gibt es sonst noch „Erfolgsmeldungen"? Aus meinem Berufsleben, ich bin ja Lehrerin. Im Klassenzimmer habe ich mir angewöhnt, die Engel-Aura-Essenzen „Konzentration" bzw. „Kinder-Beruhigung" zu verwenden. Mit recht gutem Erfolg.

Wissen die Kinder davon? Natürlich, wir haben es gemeinsam beschlossen. Ich habe mit den Kindern ja schon sehr viel gemacht, offene Stunden, Meditationen, ich habe Engel-Karten verwendet und im Zuge dieser Stunden habe ich ihnen die Aura-Essenzen vorgestellt. Da ist auch etwas Seltsames passiert …

Haben die Kinder Engel wahrgenommen? Vielleicht kann man es so sagen. Ein Kind, von dem wusste ich, dass es aurasichtig ist, hat auf einmal gesagt: „Du Frau Lehrerin, das ist komisch. Jetzt haben wir alle die gleiche Farbe!" Es hat also gesehen, dass sich alle in der gleichen Schwingung befunden haben.

Wie haben die anderen Kinder darauf reagiert? Gut. Sie haben gesagt, dass das so ähnlich ist wie beim Harry Potter. Er kann halt etwas, was andere nicht können, sonst ist er ein normaler Junge. Nur sein Vater hatte anfangs Probleme damit. Er hat geglaubt, dass sein Sohn etwas mit den Augen hat, er konnte gar nicht nachvollziehen, was Aurasichtigkeit eigentlich bedeutet. Ich durfte ihn dann ein bisschen in die feinstoffliche Welt einführen. Er ist mitgefolgt und ist nun auch Bachblüten gegenüber aufgeschlossen.

Und was sagen die Kollegen zu Ihrer Aufgeschlossenheit? Es gibt bereits einige, die mitziehen. Sie haben mich auch ermutigt, diese Erfahrungen der Direktorin weiterzuleiten. Ich habe es getan. Ich glaube, die Zeit ist einfach reif dafür.

Möchten Sie noch etwas sagen? Ja, der Kontakt mit den Engelenergien hat mich offener, hellhöriger gemacht, wenn Kinder etwas erzählen. Ich nehme das sehr ernst. Ich kann so auch besser helfen, die Spiritualität der Kinder zu fördern. Ich sehe das schon als meine Aufgabe – nicht umsonst habe ich in meiner Klasse immer wieder sehr spirituelle Kinder. Was ich noch sagen möchte? Ein großes Dankeschön an die Engelwelt und an alle feinstofflichen Energien!

Vielen Dank für das Gespräch.
Weitere Interviews finden Sie auf meiner Homepage www.engelsymbole.at

Anhang **Einfach zum Nachdenken**

> „Es ist ein Beweis für den Wert
> unserer Arbeit, dass materielle Kräfte auf den
> Plan treten, welche versuchen, sie zu verzerren oder zu entstellen.
> Denn Entstellung ist eine mächtigere Waffe als Zerstörung.
> Der Mensch wollte freie Entscheidungsmöglichkeiten, Gott hat sie ihm gegeben.
> Deshalb muss der Mensch immer eine Wahl haben. Sobald ein Lehrer ein Werk der Welt übergibt,
> muss eine entstellte Version desselben entstehen. Dieses geschieht dem
> Geringsten ebenso wie dem Größten. Diese Entstellung entsteht folgerichtig,
> um dem Menschen die Möglichkeit zu geben,
> die Spreu vom Weizen zu trennen."
>
> Dr. Edward Bach

„Stellen Sie sich vor, die XY-Essenzen haben keine gute Energie mehr! Die kann man vergessen!" „Ich werde jetzt keine ABC-Öle mehr kaufen, denn angeblich steckt Scientology dahinter!" „Bei der Frau K.Z. kann man auch keine Seminare mehr besuchen, denn die arbeitet mit gefallenen Engeln zusammen!" Egal, ob da von Aura Soma, Meisteressenzen, Bachblüten, Steinessenzen, Engelessenzen etc. die Rede ist: Wie oft höre ich das von Kunden und Klienten!

Klatsch und Quatsch!

Hand aufs Herz! Wie oft haben SIE von solchen Aussagen schon gehört? Wie oft haben Sie sich davon verunsichern lassen? Wie oft haben Sie diese Aussagen ernst genommen und haben danach gehandelt? Wie oft haben Sie solchen Unsinn selber weitererzählt?

Immer wieder höre ich von diesen Dingen, und ich möchte jetzt an dieser Stelle die Gelegenheit ergreifen, mich an Sie, liebe Leserinnen und Leser, zu wenden.

Bevor Sie solche Dinge glauben bzw. weitererzählen, möchte ich Sie fragen:

Was glauben Sie, wie Gerüchte entstehen?

Was glauben Sie, wie die berühmte „Stille Post" funktioniert?

Was glauben Sie, wie fundiert solche Aussagen sind?

Was glauben Sie, wie viel Angst oder Neid hinter solchen Meldungen stecken?

Was glauben Sie, wie qualifiziert und seriös die Leute sind, die solche Aussagen verbreiten?

Warum überlegen Sie nicht einfach, die Dinge für sich selbst zu prüfen und dann zu entscheiden?

Wenn Ihnen jemand solche Dinge erzählt, dann gibt es drei Möglichkeiten:

Entweder die Energie dieser Öle, Produkte, Essenzen, Personen passt für Sie persönlich nicht optimal. Ist okay, deshalb gibt es ja die Vielfalt. Deshalb muss die Sache an sich nicht schlecht sein. Oder der Zeitpunkt für Sie persönlich ist nicht gegeben, um mit diesen Dingen zu arbeiten. Das heißt auch wiederum nicht, dass die Essenzen, Öle, etc. nicht in Ordnung sind.

Oder – die Dinge sind wirklich nicht in Ordnung. Aber das ist in den seltensten Fällen tatsächlich so. Meist schwingt die eigene Unzulänglichkeit der Person mit, die diese Aussage tätigt.

Beurteilen und Verurteilen sind Tatsachen, mit denen wir oft vorschnell zur Hand sind. All die Essenzen und Öle und sonstigen Hilfestellungen sind Werkzeuge, die uns von oben geschickt wurden, um leichter unsere seelisch-geistige Entwicklung voranzubringen. Und ich finde es schade, dass viele gute Dinge von den Menschen schlecht gemacht werden.

Nicht beurteilen und *nicht verurteilen* – das sind große kollektive Lernthemen unserer Zeit. Wie oft werden wir darin geprüft, ohne dass es uns bewusst ist ...

Denken Sie bitte darüber einmal nach.

Was ist was?

Engelsymbole | Engelessenzen | Engel-Aura-Essenzen |

Engelsymbole 1–49: werden im Buch „Heilende Engelsymbole" vorgestellt und beschrieben. Die Symbole werden von Hand aus Transparentfolie hergestellt, sind etwa sieben Zentimeter im Durchmesser und werden für Meditation, Fernheilung, Nahrungs- und Wasserenergetisierung, Raumharmonisierung etc. verwendet.

Engelessenzen 1–49: enthalten die Energien der Engelsymbole 1 – 49 und werden auf Chakren, Puls, Nabel oder Mundschleimhäute aufgetropft. Die Schwerpunktthemen dieser Engelessenzen sind im seelisch-geistigen, karmischen, spirituellen und mentalen Bereich zu finden. Mehr darüber im folgenden Buch „Heilende Engelessenzen und Engelöle".

Engel-Aura-Essenzen: enthalten die Energien der Erzengel Michael, Jophiel, Gabriel, Raphael, Chamuel, Uriel, Zadkiel und Metatron sowie die Energien einiger Engel-Therapie-Symbole (Baby und Kleinkinder, Kinder, Energetische Abgrenzung, Energetische Reinigung, Strahlungsschutz, Konzentration). Die Aura-Essenz „Engelmeditation" beinhaltet alle acht Erzengel-Energien. Engel-Aura-Essenzen werden für Wohn-, Therapie-, Arbeits-, Kranken-, Kinder- oder Schulzimmer verwendet oder direkt in die Aura eines Menschen gesprüht. Sie sind mit wunderbaren ätherischen Ölen beduftet. Mehr darüber im folgenden Buch „Heilende Engelessenzen und Engelöle".

Engel-Therapie-Symbole: sind kleiner als die Engelsymbole 1 – 49 und werden für die Arbeit am Körper aus Transparentfolien von Hand hergestellt. Jeweils sieben Symbole des gleichen Themas werden zu einem Therapie-Set zusammengefasst (einige wenige Sets beinhalten 8, 14 bzw. 15 Symbole). Die Schwerpunktthemen der Engel-Therapie-Symbole sind auf der körperlichen Ebene

Engel-Therapie-Symbole | Engel-Kombi-Essenzen |
Engel-Kombi-Öle | Persönliche Engelsymbole | Therapeuten-Test-Sets

angesiedelt, weshalb sie vorwiegend von Therapeuten, aber auch von interessierten Laien verwendet werden.

Engel-Kombi-Essenzen: enthalten die Energien der Engel-Therapie-Symbole und werden für die Ergänzung und Abrundung von therapeutischen Sitzungen verwendet. Mehr darüber im folgenden Buch „Heilende Engelessenzen und Engelöle".

Engel-Kombi-Öle: sind das Pendant zu den Engel-Kombi-Essenzen. Manche Menschen können oder wollen keine Essenzen verwenden und arbeiten lieber mit den Engel-Ölen, die direkt am Körper aufgetragen werden. Mehr darüber im folgenden Buch „Heilende Engelessenzen und Engelöle".

Persönliche Engelsymbole: werden auf Anfrage individuell gefertigt und unter der Leitung des Höheren Selbst von der Engelwelt energetisiert. Sie werden direkt am Körper getragen und unterstützen Aufarbeitungs-, Heilungs- und Transformationsprozesse.

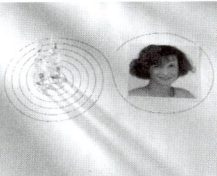
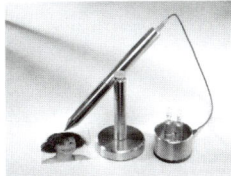

Therapeuten-Test-Sets: bestehen aus kleinen Ampullen, die die Energien der Engelsymbole 1 – 49 bzw. der Engel-Therapie-Symbol-Sets enthalten. Sie werden für Testzwecke, therapeutische Arbeit, Orgon-Therapie oder in Kombination mit der Übertragungskarte (siehe Seite 193) verwendet.

Mehr darüber im folgenden Buch „Heilende Engelessenzen und Engelöle".

Kombi-Essenzen, Kombi-Öle und Aura-Essenzen

Engel-Kombi-Öle und Engel-Kombi-Essenzen enthalten die gleichen Energien wie die im Buch beschriebenen Engel-Therapie-Symbole.

Sie werden von Hand hergestellt, direkt von der Engelwelt energetisiert und energetisch versiegelt.

Engel-Kombi-Öle nur äußerlich anwenden! Nicht auf verletzte oder irritierte Haut auftragen!

	Kombi-Essenzen	Kombi-Öle	Aura-Essenzen
No. 01 Lariel	x	x	
No. 02 Nanael	x	x	
No. 03 Hariel	-	x	Kinder | Beruhigung
No. 04 Aniel	x	x	
No. 05 Rahael	x	x	
No. 06 Ramiel	x	x	
No. 07 Carmiel	x	x	
No. 08 Armiel	x	-	
No. 09 Saniel	x	x	
No. 10 Nithael	x	x	
No. 11 Lunael	x	x	
No. 12 Haziel	x	x	
No. 13 Yeliel	x	x	
No. 14 Corael	-	x	
No. 15 Rihael	x	x	
No. 16 Rosael	x	x	
No. 17 Muriel	x	x	
No. 18 Vaniel	x	x	
No. 19 Mykael	x	x	
No. 20 Rakael	-	x	
No. 21 Yerathel	-	x	
No. 22 Doriel	x	x	
No. 23 Canael	x	x	

	Kombi-Essenzen	Kombi-Öle	Aura-Essenzen
No. 24 Sorael	x	x	Energetische Reinigung
No. 25 Cithael	x	x	
No. 26 Norael	-	x	Baby- & Kleinkind Beruhigung
No. 27 Sariel	x	x	
No. 28 Cosiel	x	x	
No. 29 Raziel	-	x	
No. 30 Sirael	x	x	
No. 31 Risael	x	-	
No. 32 Sorihael	x	x	
No. 33 Curiel	-	x	
No. 34 Horael	-	x	
No. 35 Aliel	x	x	
No. 36 Rukiel	x	x	
No. 37 Sonael	-	-	Strahlungsschutz
No. 38 Luciel	-	x	
No. 39 Raniel	x	-	
No. 40 Arkiel	x	-	
No. 41 Somiel	x	x	
No. 42 Coruel	-	-	Energetische Abgrenzung
No. 43 Loriel	x	x	
No. 44 Korathel	x	x	Konzentration
No. 45 Zariel	x	x	
No. 46 Koniel	x	x	
No. 47 Rothael	x	x	
No. 48 Dariel	x	x	
No. 49 Wismael	x	-	
No. 50 Voniel	x	x	
No. 51 Lithael	x	x	
No. 52 Buriel	x	x	
No. 53 Mariel	x	x	Engel-Kombi-Öle und
No. 54 Thoriel	x	x	Engel-Kombi-Essenzen erhalten Sie bei der
No. 55 Licael	x	x	Verlagsauslieferung „Die Silberschnur"
No. 56 Nirael	x	x	Steinstraße 1, D-56593 Güllesheim,
No. 57 Uthael	x	x	Tel. +49 (0) 2687 / 92 90 01
			Fax: +49 (0) 2687 / 92 95 24
No. 58 Erael	x	x	e-mail: info@silberschnur.de
No. 59 Ismael	x	x	oder im gut sortierten Esoterikfachhandel.

Verwendete Literatur

Brennan, Barbara Ann:	Licht-Arbeit, München 1998
Brennan, Barbara Ann:	Licht-Heilung, München 1994
Dahlke, Dr. med. Ruediger:	Krankheit als Symbol. Handbuch der Psychosomatik, München 1996
Hay, Louise L.:	Heile deinen Körper, Freiburg 1989
Krystal Phyllis:	Die inneren Fesseln sprengen, o.J.
Lübeck, Walter:	Das Aura-Heilbuch, o.J.
Müller-Mees, Elke:	Farben – heilsam und gesund, München 2000
Muths, Christa:	Farbtherapie, München 1989
Sharamon, Shalila, Baginski, Bodo J.:	Das Chakra-Handbuch, Aitrang 2000
Stein, Diane:	Wir sind alle Engel, Güllesheim 2000
Uhl, Marianne:	Die 21 Chakren, Frankfurt 1993
Zopf, Regine:	Das Unsichtbare wird sichtbar – Die Chakren und ihre Bedeutung für den heutigen Menschen, Scharnhorst 2000
Zopf, Regine:	Das Unsichtbare wird sichtbar – Die Energiekörper des heutigen Menschen, Scharnhorst 2000

Bezugsquellen

Sämtliche Bezugsquellen finden Sie unter www.engelsymbole.at.

Wiederverkäufer, Therapeuten und Heilpraktiker werden direkt von Ingrid Auer beliefert.
Herstellung und Generalvertrieb: LICHTPUNKT Ingrid Auer, Postfach 20, 3300 Amstetten, Österreich.

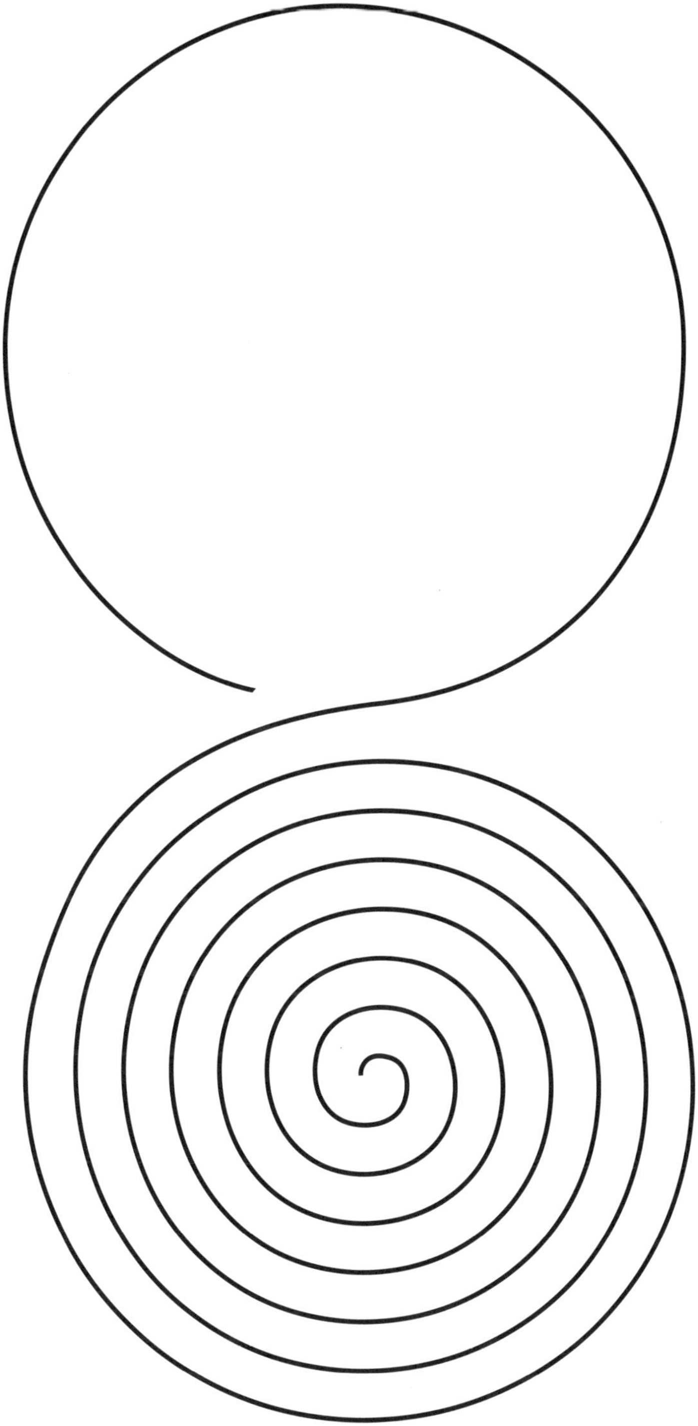

Übertragungskarte

Übertragungskarte

Auf die linke Seite (Spirale) legen Sie die ausgetesteten Symbole – falls Sie das Therapeuten-Testset besitzen – oder die ausgetesteten Ampullen, auf die rechte Seite (Kreis) das Foto der zu behandelnden Person. Dauer der Übertragungszeit austesten!

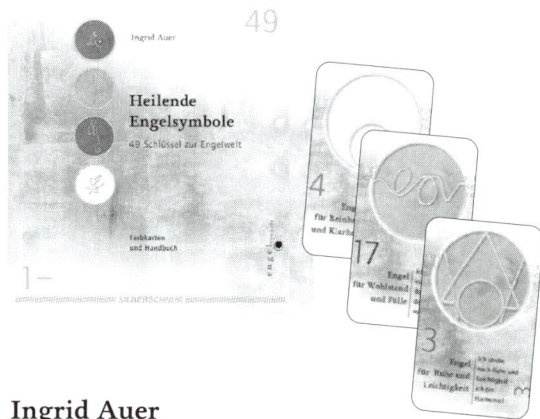

Ingrid Auer

Praxishandbuch der Engelsymbole

und Engel-Therapie-Symbole

Mit diesem Buch gibt Ingrid Auer dem Leser ein Arbeitsbuch an die Hand, mit dessen Hilfe es wirklich jedem möglich ist, sowohl die Engel-Symbole als auch die Engel-Therapie-Symbole auf ganz einfache und unkomplizierte Art und Weise zu verwenden. Dieses Buch geht dabei weit über die in den vorigen Büchern beschriebenen Anwendungen hinaus, indem es detailliert aufzeigt, wie man diese segensreichen Symbol-Karten noch nutzen und einsetzen kann – beispielsweise durch das Legen von Schutzkreisen, mit denen man Engelhilfe für Alltag, Beruf und Familie herbeiholen kann.

168 Seiten, zweifarbig, broschiert
€ [D] 17,90 / sFr 31,70
ISBN 3-89845-132-1

Ingrid Auer

Heilende Engelsymbole

49 Schlüssel zur Engelwelt

Einfühlsam und leicht verständlich ermöglicht Ihnen dieses Buch einen natürlichen, unbefangenen Zugang zur Engelwelt. Alle, die Rat und Trost brauchen oder körperliche Beschwerden haben, können sich mit diesem Set die bezaubernde Engelwelt erschließen und deren Unterstützung nutzen.

Die im Buch vorgestellten Engelsymbole verhelfen Ihnen dazu, Blockaden im seelischen und körperlichen Bereich zu lösen und die Chakren, Wasser, Nahrungsmittel und vieles mehr zu energetisieren. Auch die verschiedenen Legesysteme bergen eine Fülle von Anwendungsmöglichkeiten.

Stülpschachtel, Handbuch mit 156 Seiten, gebunden, 49 vierf. Symbolkarten
€ [D] 29,80 / sFr 52,70
ISBN 3-89845-007-4

Heilende Engelsymbole Meditations-CD No. 1

Meditieren mit den Erzengeln Michael, Gabriel und Jophiel ...

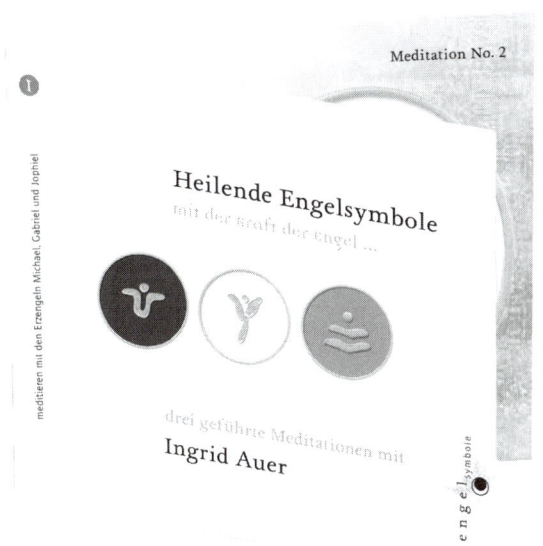

Drei geführte Meditationen

Die Erzengel-Meditations-CD erleichtert die Kontaktaufnahme mit den Erzengeln, sei es beim Meditieren im Alltag oder in einer Gruppe. Als Meditationsunterstützung dienen die Engelsymbole auf dem Cover oder die Karten aus dem gleichnamigen Buch „Heilende Engelsymbole".

Verlag „Die Silberschnur" ISBN 3-89845-027-9
ca. 60 Minuten • € [D] 21,00 • sFr 38,80
erhältlich im Buchhandel

Weitere Meditations-CDs

CD 2: Meditieren mit den Erzengeln Zadkiel, Metatron und Chamuel

Verlag „Die Silberschnur" ISBN 3-89845-043-3
ca. 60 Minuten • € [D] 21,00 • sFr 38,80
erhältlich im Buchhandel

CD 3: Meditieren mit den Erzengeln Raphael, Uriel und deinem Schutzengel

Verlag „Die Silberschnur" ISBN 3-89845-055-4
ca. 60 Minuten • € [D] 21,00 • sFr 38,80
erhältlich im Buchhandel

ingrid auer

Engel begleiten durch Krankheit, Tod und Trauer

Viele Menschen „behandeln" Krankheit, Tod und Trauer ausschließlich auf der medizinischen Ebene. Krankheiten werden bekämpft, der Tod wird verdrängt und Trauer wird unterdrückt.

Immer mehr Menschen erkennen jedoch, dass diese Lebensabschnitte einen hochspirituellen Hintergrund haben und gewaltige Lern- und Entwicklungschancen für Betroffene und Angehörige beinhalten.

Für alle, die Krankheit, Tod und Trauer nicht ausschließlich mit Medikamenten begegnen möchten, hat die Geistige Welt hochenergetische Hilfsmittel zur Verfügung gestellt: **Engelsymbole, Engelessenzen und Engelöle.** Es liegt an Ihnen, diese Hilfsmittel gewinnbringend zu nutzen.

Was sind Engel? Engel sind Helfer aus der Geistigen Welt. Ihre Aufgabe ist es, den Menschen zu helfen und zu dienen. Neben Schutzengeln, Erzengeln und Helferengeln gibt es zahlreiche Engel, die im Besonderen Kranke, Sterbende und Trauernde begleiten und unterstützen.

Was sind Engelsymbole? Engelsymbole sind energetische Hilfsmittel, die mit hoch schwingenden Engelenergien aufgeladen wurden. Sie wirken im feinstofflichen Körper des Menschen und lösen dort Blockaden, tief sitzende Ängste und Verhaltensmuster. Lesen Sie mehr darüber in den Büchern „Heilende Engelsymbole" und „Heilen mit Engel-Therapie-Symbolen".

Engelsymbol

Engelessenzen

Engel-Kombi-Essenzen

Engel-Kombi-Öle

Was sind Engelessenzen und Engelöle? Engelessenzen und Engelöle sind Hilfsmittel für Körper, Geist und Seele. Von der geistigen Welt energetisiert, stellen sie speziell für Krankheit, Tod und Trauer eine ideale Begleitung dar. Sie decken Bereiche ab, die bisher nicht berücksichtigt werden konnten, da es Energiemittel in dieser Form bislang nicht gab.

Engelessenzen und –öle und sind energetisch versiegelt und nehmen daher keine belastenden Energien auf. Im Gegensatz zu Blütenessenzen, Edelsteinen oder ätherischen Ölen wirken sie in erster Linie in den höher schwingenden Chakren und Energiekörpern des Menschen. Ihr Ursprung ist die Geistige Welt – die Engelwelt.   Mehr darüber im Buch – „Heilende Engelessenzen und Engelöle".

Engel-Aura-Essenzen

Was sind Engel-Aura-Essenzen?

Wie der Name schon sagt, werden diese Essenzen in der Aura, dem feinstofflichen Körper angewendet. Jeder physische Körper wird von einem nicht physischen Körper, einem Energiefeld umhüllt. Dort kommt die Wirkung der Engel-Aura-Essenzen am stärksten zum Tragen. Engel-Aura-Essenzen versprüht man jedoch auch in Wohn- und Schlafräumen, Krankenzimmern und Therapieräumen.

Herstellung und Inhaltsstoffe

Engelsymbole, Engelessenzen und Engelöle werden in Handarbeit hergestellt, gereinigt, energetisiert und versiegelt. Der genaue Ablauf der Herstellung wurde auf medialem Weg aus der Engelwelt empfangen.

Engelessenzen enthalten Wasser und Alkohol, Engel-Aura-Essenzen Wasser, Alkohol und reine ätherische Öle. Engelöle werden aus hochwertigem Jojobaöl hergestellt.

Auswahl der Essenzen und Öle

Treffen Sie Ihre Auswahl nach der in dieser Broschüre angegebenen Beschreibung. Möchten Sie jedoch umfassendere Informationen bzw. mit Hilfe von Muskeltest, Biotensor oder Pendel exakt auswählen, lesen Sie mehr im Buch „Heilende Engelessenzen und Engelöle".

Engel-Aura-Essenzen werden über dem Kopf in den feinstofflichen Körper, die Aura, gesprüht oder in Wohn-, Schlaf- und Krankenzimmern und Therapieräumen verwendet.

Engel-Aura-Essenzen 50 bzw. 100 ml

Engelöle werden auf Puls, Fußsohlen, Nacken, Herz- oder Bauchbereich aufgetragen und sanft einmassiert. Für großflächige Anwendungen vermischen Sie 500 ml reines Jojobaöl mit 30 Tropfen Engelöl. Gut durchschütteln! Nicht auf offene Wunden, verletzte oder irritierte Haut auftragen.

Engelessenzen werden auf Mundschleimhaut, Puls, Nabel, Fußsohlen, Chakren oder Meridianpunkte aufgetropft. Im Normalfall verwendet man 2 x 5 Tropfen täglich, in einer Notsituation viertelstündlich. Man kann die Essenzen auch dem Badewasser beifügen.

Engelsymbole gibt es für Kinder und für Erwachsene. Wie Sie Engelsymbole einsetzen können, lesen Sie in den Büchern „Heilende Engelsymbole" bzw. „Heilen mit Engel-Therapie-Symbolen".

Was ist das Besondere an den Engelessenzen und Engelölen?

Engelessenzen und Engelöle werden als „Medizin der Neuen Zeit" bezeichnet. Sie stellen energetische Hilfen auf höchster, feinstofflich-spiritueller Ebene dar. Engelessenzen und Engelöle sind eine wertvolle Unterstützung in den spirituellen Bereichen von Krankheit, Tod und Trauer. Sie wirken selbst in jenen feinstofflichen Ebenen, die von herkömmlichen Hilfsmitteln nicht erreicht werden.

Auf den folgenden Seiten finden Sie eine Auswahl an Engelessenzen und Engelölen, die Kranken, Sterbenden und Trauernden eine große Hilfe sein können **>>**

Engelessenzen und Engelöle **für Kranke**

Abgrenzung – Kranke sind besonders anfällig für Energieverluste bzw. energetische Belastungen, da ihr Körper meist (stark) geschwächt ist. Sie benötigen einen Schutz für die Aura[1] bzw. für eine energetische Unterstützung in ihrem Gesundungsprozess.

- Engel-Aura-Essenz „Energetische Abgrenzung"

Ängste - ... und depressive Verstimmungen sind häufig Begleiter von Krankheiten, die den Gesundheitsprozess verzögern oder sogar blockieren können.

- Engel-Kombi-Essenz / Öl No. 22 / Doriel
- Engel-Aura-Essenz „Erzengel Jophiel"

Beruhigung – Sorgen, Schlafstörungen, innere Unruhe können zu einer Verzögerung im Genesungsprozess führen.

- Engel-Kombi-Essenz No. 39 / Raniel
- Engel-Aura-Essenz „Erzengel Michael"

Chakren[2] – Diese Energiezentren sind im Körper mit den Organen verbunden und führen ihnen feinstoffliche Energien zu. Sind die Chakren stark blockiert, geschwächt oder beschädigt, sollten sie unbedingt über einen längeren Zeitraum wieder stabilisiert bzw. geheilt werden.

- Engel-Kombi-Essenz / - Öl No. 12 / Haziel

Engelessenzen und Engelöle **für Kranke**

- Engel-Aura-Essenz „Erzengel Gabriel"

Energieverlust – Wenn Kraft, Energie und Lebensfreude nach einer (langwierigen) Krankheit, Operation oder Geburt verloren gingen. Für Mut und Zuversicht im Heilungsverlauf.
- Engelessenz No. 47 / Erzengel Uriel
- Engel-Aura-Essenz „Erzengel Uriel"

Entgiftung – Nach Impfungen, Medikamenteneinnahmen, Infusionen und Narkosen können in der Aura feinstoffliche Blockaden bzw. „Verunreinigungen" zurückbleiben. Für die energetische Reinigung.
- Engel-Kombi-Essenz No. 04 / Aniel
- Engel-Aura-Essenz „Energetische Reinigung"

Entspannung – Krankheiten und Operationen können körperliche und seelische Anspannungen mit sich bringen. Für ein inneres und äußeres Loslassen und mehr Gelassenheit.
- Engel-Kombi-Essenz No. 39 / Raniel
- Engel-Aura-Essenz „Erzengel Michael"

Immunsystem – Das körperliche Immunsystem kann energetisch stark von seelischen Belastungen beeinflusst werden. Bei Abgeschlagenheit, Beengtheit, Lustlosigkeit, aber auch bei Schadstoffbelastungen.
- Engel-Kombi-Essenz / Öl No. 07 / Carmiel
- Engel-Aura-Essenz „Erzengel Raphael"

Karma[3] – Für alle Arten von Krankheiten, deren Ursprung im Karma liegt. Krankheiten oder Behinderungen, die aus der vorgeburtlichen Zeit stammen, weisen vielfach auf mögliche karmische Ursachen hin. Auch bei Stagnation im Heilungsverlauf sollte eine Karmabelastung nicht außer Acht gelassen werden.
- Engel-Kombi-Essenz / Öl / No. 25 / Cithael
- Engel-Aura-Essenz „Erzengel Zadkiel"

Körperliche Notfälle – Für Notfalls-, Krankheits- und Unfallsituationen sowie bei langwierigen, Kräfte raubenden oder immer wiederkehrenden Erkrankungen. Für die Beschleunigung des Heilungsprozesses auf der energetischen Ebene.
- Engel-Kombi-Essenz / Öl / No. 01 /
  Lariel - Körperliche Engel-Notfallstropfen / - Notfallsöl
- Engel-Aura-Essenz „Erzengel Raphael"

Kraftaufbau – Für Kraft, Energie und Lebensfreude nach (langwierigen) Krankheiten, Unfällen, Operationen und Geburten. Schenkt Mut und Zuversicht im Heilungsprozess.
- Engelessenz No. 47 / Erzengel Uriel
- Engel-Aura-Essenz „Erzengel Uriel"

Meridiane[4] – Ist ein Meridian geschwächt, ist das entsprechende Organ davon immer auch betroffen. Für die Stärkung und Stabilisierung von Meridianen; kann für alle Formen der Meridianarbeit verwendet werden.
- Engel-Kombi-Essenz / Öl / No. 13 / Yeliel
- Engel-Aura-Essenz „Erzengel Gabriel"

Muskulatur – Übertriebener Ehrgeiz, Stress und angespannte Lebenssituationen können zu körperlichen Verspannungen führen, die über die Muskulatur zum Ausdruck kommen.
- Engel-Kombi-Essenz / Öl / No. 58 / Erael
- Engel-Aura-Essenz „Erzengel Michael"

Mutlosigkeit – Eine positive, zuversichtliche Lebenseinstellung ist für den Heilungsverlauf sehr wichtig.
- Engelessenz No. 01 / Engel für Glauben und Vertrauen oder
- Engelessenz No. 30 / Engel für Mut und Beharrlichkeit
- Engel-Aura-Essenz „Erzengel Uriel"

Narkose – Gegen Narkoseängste und das Gefühl des Ausgeliefert-Seins sowie als Schutz und Reinigung der Aura während einer Narkose. Verhindert ein „Ausfädeln" der Seele aus dem Körper bzw. Fremdbesetzungen. Einige Tage vor und nach einer Operation verwenden!
- Engel-Kombi-Essenz / Öl / No. 32 / Sorihael
- Engel-Aura-Essenz „Energetische Abgrenzung"

Operation – Unterstützt alle Operationen, Geburten und schwere Erkrankungen auf der feinstofflichen Ebene. Lindert die Angst vor medizinischen Eingriffen und vor Krankenhausaufenthalten. Unterstützt den Selbstheilungsprozess des Körpers.
- Engel-Kombi-Öl No. 33 / Curiel
- Engel-Aura-Essenz „Erzengel Uriel"

Organe – Für das Lösen von energetischen Blockaden, die für Über- oder Unterenergie von Organen mitverantwortlich sind. Zur Auflösung von alten „Glaubenssätzen" und Verhaltensmustern, die mit den Organen im Zusammenhang stehen.
- Engel-Kombi-Öl No. 14 / Corael
  (Blase, Dickdarm, Dünndarm, Gallenblase, Herz, Leber, Lunge, Magen, Milz, Niere)
- Engel-Kombi-Öl No. 38 / Luciel
  (Zwölffingerdarm, Bauchspeicheldrüse, Schilddrüse, Prostata, Gebärmutter, Hypophyse, Thymusdrüse, Nebennieren)
- Engel-Aura-Essenz „Erzengel Chamuel"

Reinigung – Zum Reinigen von Aura, Chakren, Gegenständen und Räumen von belastenden Emotionen, negativen Energien, Fremdenergien, anhaftenden Seelen u. a.
- Engel-Kombi-Essenz / Öl No. 24 / Sorael
- Engel-Aura-Essenz „Energetische Reinigung"

Engelessenzen und Engelöle **für Kranke**

Seelische Notfälle – Zum Beruhigen in Situationen der Angst, Panik und Hysterie, nach Schreck- und Schocksituationen. Verhindert ein „Ausfädeln" der Seele aus dem Körper bzw. hilft zum „In-die-innere-Mitte-kommen".

- Engel-Kombi-Essenz / Öl / No. 02 / Nanael = Seelische Engel-Notfallstropfen / - Notfallsöl
- Engel-Aura-Essenz „Erzengel Uriel"

Strahlungsbelastung – Nach längerer oder wiederkehrender Strahlungsbelastung durch technische oder medizintechnische Geräte sollte die Aura gründlich gereinigt werden. Auch eine Zeit lang vor Untersuchungen oder Operationen anzuwenden.

- Engel-Aura-Essenz „Strahlungsschutz"

Therapieresistenz – Bei Blockaden im Heilungsverlauf, mangelndem Willen zur Genesung und Therapieresistenz. In Kombination mit anderen Engelessenzen und -ölen zur Verstärkung der Wirkung. Energetischer „Anreißer"

- Engel-Kombi-Essenz / Öl No. 43 / Loriel – „Die 7 Nothelfer"
- Engel-Aura-Essenz „Engelmeditation"

Viren & Bakterien – Energetisch-feinstoffliche Unterstützung bei Krankheitsanfälligkeit und Dauerinfekten sowie bei Belastungen durch Viren oder Bakterien. Hilfreich bei Selbstüberschätzung, Selbstüberlastung und Abgrenzungsproblemen.

- Engel-Kombi-Essenz / Öl No. 11 / Lunael
- Engel-Aura-Essenz „Energetische Abgrenzung"

---

[1] **Aura, feinstofflicher Körper:** neben dem physischen Körper gibt es ein unsichtbares Energiefeld, das nur mit speziellen technischen Geräten nachgewiesen werden kann. In diesem Energiefeld, auch feinstofflicher Körper genannt, sind alle Erfahrungen, Belastungen, Traumen und Denk- und Verhaltensmuster abgespeichert. Um eine ganzheitliche körperliche Behandlung erfolgreich durchzuführen, muss immer auch die Aura mitbehandelt werden.

Engelessenzen und Engelöle **für Begleiter**

„Krankheit ist der Ort, wo man lernt"
Blaise Pascal

Abgrenzung – Schwere oder langwierige Krankheiten stellen oft eine große Belastung für die Begleitenden dar. Sie benötigen einen Schutz für ihre Aura bzw. eine energetische Unterstützung für Situationen, die viel Kraft erfordern.
- Engel-Aura-Essenz „Energetische Abgrenzung"

Ängste - ... und depressive Verstimmungen von kranken Angehörigen oder Patienten können eine große Belastung darstellen. Ebenso eigene Ängste, die aus dem Zusammenleben und der Begleitung von Kranken herrühren können.
- Engel-Kombi-Essenz / Öl No. 22 / Doriel
- Engel-Aura-Essenz „Erzengel Jophiel"

Kraftaufbau – Für Kraft, Energie und Lebensfreude von Menschen, die durch die Pflege oder Begleitung selbst energetisch und körperlich (stark) geschwächt wurden.
- Engelessenz No. 05 / Engel für Kraft und Stärke
- Engel-Aura-Essenz „Erzengel Uriel"

Mutlosigkeit, Resignation – Für eine positive, zuversichtliche Grundhaltung, bzw. für das Loslassen von Ängsten, Sorgen und immer wiederkehrenden Gedanken.
- Engelessenz No. 01 / Engel für Glauben und Vertrauen
- Engel-Aura-Essenz „Erzengel Michael"
- Engelessenz No. 36 / Engel für Loslassen
- Engel-Aura-Essenz „Erzengel Gabriel"

Reinigung – Zum Reinigen von Aura, Chakren, Gegenständen und Räumen von belastenden Emotionen, negativen Energien, Fremdenergien, anhaftenden Seelen u. a.
- Engel-Kombi-Essenz / Öl No. 24 / Sorael
- Engel-Aura-Essenz „Energetische Reinigung"

Seelische Notfälle – Zum Beruhigen in Situationen der Angst, Panik und Hysterie, nach Schreck- und Schocksituationen. Verhindert ein „Ausfädeln" der Seele aus dem Körper bzw. zum „In-die-innere-Mitte-kommen".
- Engel-Kombi-Essenz / Öl / No. 02 / Nanael = Seelische Engel-Notfallstropfen / - Notfallsöl
- Engel-Aura-Essenz „Erzengel Uriel"

---

[2] **Chakra, Chakren:** Der feinstoffliche Körper erhält Energiezufuhr über die Chakren, sogenannte Energiezentren oder Energiewirbel. Sind Chakren blockiert oder defekt, kommt es zu einer Fehlversorgung des feinstofflichen Körpers, was in weiterer Folge auch im physischen Körper eine unerwünschte Wirkung zeigt.

Engelessenzen und Engelöle **für Sterbende**

„Sterben ist nur ein Umziehen in ein schöneres Haus"

Dr. Elisabeth Kübler-Ross

Abgrenzung – Sterbende sind besonders anfällig für Energieverluste bzw. energetische Belastungen, da ihr Körper meist (stark) geschwächt ist. Sie benötigen einen Schutz für die Aura bzw. eine energetische Unterstützung für den Übergang.

- Engel-Aura-Essenz „Energetische Abgrenzung"

Ängste – ... und depressive Verstimmungen sind häufig Begleiter von Sterbenden, vor allem nach einem schmerzhaften, langwierigen oder hoffnungslosen Krankheitsverlauf. Hilfreich auch bei Angst vor dem Tod und der Frage „Was kommt danach?".

- Engel-Kombi-Essenz / Öl No. 22 / Doriel
- Engel-Aura-Essenz „Erzengel Jophiel"

Beruhigung – Bei quälenden Gedanken, Schlafstörungen und innerer Unruhe.

- Engel-Kombi-Essenz No. 39 / Raniel
- Engel-Aura-Essenz „Erzengel Michael"

Depressionen – können durch lang anhaltende Ängste oder depressive Verhaltensmuster entstanden sein.
- Engel-Kombi-Essenz No. 45 / Zariel
- Engel-Aura-Essenz „Erzengel Jophiel"

Entscheidung – Zu Beginn des Sterbeprozesses hat die Seele noch die Möglichkeit, sich für das Leben oder für den Tod zu entscheiden.
- Engelessenz No. 26 / Engel für Erneuerung und Entwicklung
- Engel-Aura-Essenz „Erzengel Uriel" oder
- Engelessenz No. 04 / Engel für Reinheit und Klarheit
- Engel-Aura-Essenz „Erzengel Michael"

Gnade – Die Engel für Gnade können für den Sterbenden eine wichtige Rolle spielen, beispielsweise bei langem und schwerem Leiden. Dürfen diese Engel – in Übereinstimmung mit dem Höheren Selbst – in den Lebensplan und somit in das Karma des Menschen eingreifen, kann unter Umständen die Leidenszeit abgekürzt werden.
- Engelessenz No. 39 / Engel für Gnade
- Engel-Aura-Essenz „Engelmeditation"

Karma – Eine der vielen Möglichkeiten, Karma abzutragen, liegt in Krankheit und Leid. Für die raschere Auflösung und Transformation von Karma (darüber wird immer zwischen den Karma-Engeln und dem Höheren Selbst des Sterbenden entschieden).
- Engel-Kombi-Essenz / Öl / No. 25 / Cithael
- Engel-Aura-Essenz „Erzengel Zadkiel"

Körperliche Notfälle – Für Sterbende, die unter körperlichen Beschwerden leiden. Diese Notfallessenz/dieses Notfallsöl hilft, die Situation leichter zu ertragen.

Engelessenzen und Engelöle für Sterbende

- Engel-Kombi-Essenz / Öl / No. 01 / Lariel - Körperliche Engel-Notfallstropfen / - Notfallsöl
- Engel-Aura-Essenz „Erzengel Raphael"

Kraftaufbau – Sterben ist – ähnlich einer Geburt – ein Prozess, der sehr viel Kraft und Energie verbraucht. Vor allem dann, wenn eine lange oder schwere Krankheit vorangegangen ist.

- Engelessenz No. 47 / Erzengel Uriel
- Engel-Aura-Essenz „Erzengel Uriel"

Loslassen – Manche Sterbende haben einen langen Übergangsprozess, weil sie vom Leben, von Menschen oder materiellen Dingen nicht loslassen können oder wollen. Diese Essenz sollte gleichzeitig von Angehörigen verwendet werden, um ein Loslassen ihrerseits zu unterstützen.

- Engelessenz No. 36 / Engel für Loslassen
- Engel-Aura-Essenz „Erzengel Gabriel"

Panik – Beim Sterben geraten manche Menschen in Panik, da dieser Vorgang ein ungewohnter und für sie vielleicht beängstigender Prozess ist. Für die Beruhigung von Sterbenden und Angehörigen (siehe unter „Loslassen").

- Engel-Kombi-Essenz No. 41 / Panik
- Engel-Aura-Essenz „Erzengel Michael"

Celesta,

Spirituelle Sterbe- und Trauerbegleitung

www.celesta.at

Engelessenzen und Engelöle für Sterbende

Reinigung – Zum energetischen Reinigen von Kranken- und Sterberäumen.
- Engel-Aura-Essenz „Energetische Reinigung"

Resignation, Mutlosigkeit – Der Sterbeprozess kann emotional manchmal genauso Kräfte und Energie raubend empfunden werden wie eine schwierige Geburt. Der Sterbende steht vor dem Übergang und hat allen Mut verloren (siehe auch unter „Ängste").
- Engelessenz No. 30 / Engel für Mut und Beharrlichkeit
- Engel-Aura-Essenz „Erzengel Uriel"

Sterbeprozess – Dieser Vorgang kann Stunden, Tage, ja sogar Wochen dauern. Die Engel-Sterbe-Essenz löst Ängste und hilft in dieser Übergangssituation nicht nur dem Sterbenden, sondern auch den Angehörigen und Begleitern.
- Engel-Kombi-Essenz /Öl No. 59 / Ismael
- Engel-Aura-Essenz „Erzengel Michael"

Verzeihen – Die Fragen nach Schuld, Sühne, Vergeben, Vergessen und Verzeihen sind für viele Menschen zentrale Themen im Sterbeprozess. Werden sie nicht bearbeitet, können sie starke Blockaden und Hindernisse im Übergang darstellen. Die folgenden Essenzen können auch von Angehörigen als Begleitung und Unterstützung verwendet werden!
- Engelessenz No. 48 / Erzengel Zadkiel
- Engel-Aura-Essenz „Erzengel Zadkiel"

---

[3] **Karma:** sind die Lernsituationen und Prüfungen, die sich der Mensch für seinen Lebensweg „vorgenommen" hat. Karma ist auf der Seelenebene abgespeichert und prägt auch sehr stark alle Begegnungen und Erfahrungen im zwischenmenschlichen Bereich.
[4] **Meridiane:** sind nicht sichtbare Energiebahnen, die – ebenso wie Venen, Arterien, Lymph- und Nervenbahnen – unseren Körper durchziehen. Sie liegen flach unter der Haut, wo sie eineEinheit mit den inneren Organen und der Körperoberfläche bilden. Ihr Energiestrom fließt im Körper auf und ab.

Engelessenzen und Engelöle
für Trauernde

„Wenn ein Mensch geboren wird,
dann weint er,
und die Menschen
um ihn herum lächeln.
Wenn ein Mensch stirbt,
dann lächelt er,
und die Menschen
um ihn herum weinen."

Abortus, Abtreibung – ... liegen oft schon Jahre oder Jahrzehnte zurück, und dennoch kommen Betroffene damit nicht zurecht. Schuldgefühle, Selbstvorwürfe, Selbstzweifel, Traurigkeit und Depressionen sowie die Angst vor einem neuerlichen Verlust können die Folgen eines freiwilligen oder unfreiwilligen Abbruchs sein.
- Engel-Kombi-Essenz / Öl No. 35 / Aliel
- Engel-Aura-Essenz „Erzengel Zadkiel"

Ängste – Angst, mit der neuen Situation nicht zu Recht zu kommen, Angst vor finanziellen Problemen, Angst vor der Einsamkeit und Angst vor dem Weiterleben sind häufig Begleiter von Trauernden, vor allem in der ersten Zeit nach einem Todesfall.
- Engel-Kombi-Essenz / Öl No. 22 / Doriel
- Engel-Aura-Essenz „Erzengel Jophiel"

Engelessenzen und Engelöle **für Trauernde**

Beruhigung – Bei quälenden Gedanken, Schlafstörungen, Albträumen und innerer Unruhe.
- Engel-Kombi-Essenz No. 39 / Raniel
- Engel-Aura-Essenz „Erzengel Michael"

Depressionen – siehe unter „Ängste"
- Engel-Kombi-Essenz No. 45 / Zariel
- Engel-Aura-Essenz „Erzengel Jophiel"

Kraftaufbau – Für Kraft, Energie und Lebensfreude von Menschen, die durch die Pflege oder Begleitung von Kranken oder Verstorbenen selbst energetisch und körperlich (stark) geschwächt wurden.
- Engelessenz No. 05 / Engel für Kraft und Stärke
- Engel-Aura-Essenz „Erzengel Uriel"

Loslassen – Manche Trauernde halten – ohne es zu wissen oder gar zu wollen – ihre Verstorbenen in Erdnähe fest, da sie emotional nur sehr schwer loslassen können. Dabei ist das Loslassen ein wichtiger Teil des Trauer- und Heilungsprozesses.
- Engelessenz No. 36 / Engel für Loslassen
- Engel-Aura-Essenz „Erzengel Gabriel"

Panik – Nach dem Tod von Angehörigen geraten manche Menschen in Panik, da sie sich der neuen Lebenssituation nicht gewachsen fühlen.
- Engel-Kombi-Essenz No. 41 / Panik
- Engel-Aura-Essenz „Erzengel Michael"

Reinigung – Zum energetischen Reinigen von Kranken- und Sterberäumen. Kleidung, Schmuck und persönliche Gegenstände des Verstorbenen sollten unbedingt mehrmals mit der Engel-Aura-Essenz „Energetische Reinigung" besprüht werden, bevor sie an andere

Engelessenzen und Engelöle **für Trauernde**

Menschen weitergegeben werden, da diese ansonsten die energetischen Belastungen von Krankheit und Tod des Verstorbenen in ihre Aura übernehmen! Diese Energien können jahre- und jahrzehntelang an Gegenständen haften bleiben, wenn diese nicht gereinigt werden!

- Engel-Aura-Essenz „Energetische Reinigung"

Resignation, Mutlosigkeit – Der Trauernde steht vor einem neuen Lebensabschnitt und ist in vielen Fällen damit völlig überfordert. Die Neuausrichtung seines Lebens erfordert in vielen Fällen Kraft, Mut und Beharrlichkeit.

- Engelessenz No. 30 / Engel für Mut und Beharrlichkeit
- Engel-Aura-Essenz „Erzengel Uriel"

Seelische Notfälle – Zum Beruhigen in Situationen der Angst, Panik und Hysterie; vor Beerdigungen und für die Trauerzeit. Hilft, wieder in die eigene Mitte zu kommen. Sehr wirkungsvoll in Kombination mit

- Engelessenz No. 48 / Erzengel Zadkiel (siehe Trauerbewältigung).
- Engel-Kombi-Essenz / Öl / No. 02 / Nanael = Seelische Engel-Notfallstropfen / - Notfallsöl
- Engel-Aura-Essenz „Erzengel Uriel"

Stagnation im Trauerprozess – Trauerarbeit braucht ihre Zeit. Sie kann Monate oder Jahre erfordern, das ist von Mensch zu Mensch sehr unterschiedlich. Bei starken Blockaden im Trauerprozess oder mangelndem Willen zur Trauerbewältigung ist folgende Engelessenz / Öl in Kombination mit anderen Engelessenzen und -ölen zur Verstärkung der Wirkung sehr hilfreich:

- Engel-Kombi-Essenz / Öl No. 43 / Loriel – „Die 7 Nothelfer"
- Engel-Aura-Essenz „Engelmeditation"

Engelessenzen und Engelöle **für Trauernde**

Trauerbewältigung – Trauer ist einer der wichtigsten Prozesse des menschlichen Daseins. Wird Trauer verdrängt und nicht gelebt, kann dies zu psychischen und physischen Krankheiten bzw. zu Depressionen führen. Sehr wirkungsvoll in Kombination mit Engel-Kombi-Essenz / Öl No. 02 / Nanael (= Seelische Engel-Notfallstropfen / - Notfallsöl):
- Engelessenz No. 48 / Erzengel Zadkiel
- Engel-Aura-Essenz „Erzengel Zadkiel"

Verzeihen – Die Fragen nach Schuld, Sühne, Vergeben, Vergessen und Verzeihen sind für viele Menschen zentrale Themen im Sterbeprozess. Werden sie nicht bearbeitet, können sie starke Blockaden und Hindernisse im Übergang darstellen. Die folgenden Essenzen können auch von Angehörigen als Begleitung und Unterstützung verwendet werden!
- Engelessenz No. 48 / Erzengel Zadkiel
- Engel-Aura-Essenz „Erzengel Zadkiel"

„Der Tod ist ganz einfach das Heraustreten aus dem physischen Körper, und zwar in der gleichen Weise, wie ein Schmetterling aus seinem Kokon heraustritt."

Dr. Elisabeth Kübler-Ross